dining table in Antarctica

南極の食卓

女性料理人が極限の地で見つけた暮らしの知恵

渡貫淳子

家の光協会

南極から帰ってきて驚いたことのひとつに、日本が南極観測を継続していることを知らない人が多いという現実があります。「まだ南極観測ってやってるんだ！」、「タロとジロの時代の話かと思った」。世代によっては、タロとジロすらも通じない。

私自身、宇宙開発に関して、かつては映画「アポロ13」を見てワクワクしたり、チャレンジャー号の打ち上げ事故をリアルタイムで見て衝撃を受けたりしていました。では今はどうなんだろう？　日本人が宇宙ステーションに滞在している映像を見ても、打ち上げがいつだったかも、いつ日本に帰還するかもわかっていない。人間が宇宙に行くことが当たり前になったからなのか？　それとも、自分が興味を持てなくなってしまったからなのか……？

そう考えると、多くの人にとっての南極観測も同じなのかもしれません。人類が南極に足を踏み入れたのは110年ほど前と、さほど遠い昔の話ではありませんが、今は数多くの国が基地を保有し、十分な住環境の中で観測・研究を行っています。興味を持ってもらえないのは、自分の生活に関係があるとは思えないからなのでしょうか？

南極観測は、地球の気候や環境を調査するために行われています。では、なぜ南極なのでしょうか？　それは、ごくわかりやすく言うと、人間による環境汚染が最も少なく、空気がとてもきれいだからです。

日本では寒い日に息を吐くと呼気が白くなりますが、もっと寒いはずの南極では呼気は白くなりません。白くなる理由は、呼気と外気の温度差に加えて、空気中に含まれる細かいちりやほこりなどのエアロゾルが水蒸気とくっつくから。南極はエアロゾルが極端に少なく、地球環境を最も正確にモニターできる場所なのです。

私が南極に興味を持ったのは、現地で何が行われているのか、観測隊の活動内容を知ったこともきっかけのひとつです。南極から帰ってきて、講演という形で南極を知ってもらうと、その魅力は間違いなく相手に伝わっている気がします。だって南極には知らないことや自分の生活につながることがたくさんあって、学びや気づきが得られるから。それは何歳になってもワクワクすることです。

私は今、ごみのことを調べるのがとにかく楽しいんです！　そもそも、ごみに興味を持ったのは南極です。でもどうして、南極とごみなのか？　その理由は本書に詳しく書いてありますので、これからじっくり読んでいただければ幸いです。

人生、何がきっかけになるかは本当にわからないですね。ですから、本書が少しでも誰かの、何かしらのきっかけにつながったらうれしいなと思っています。

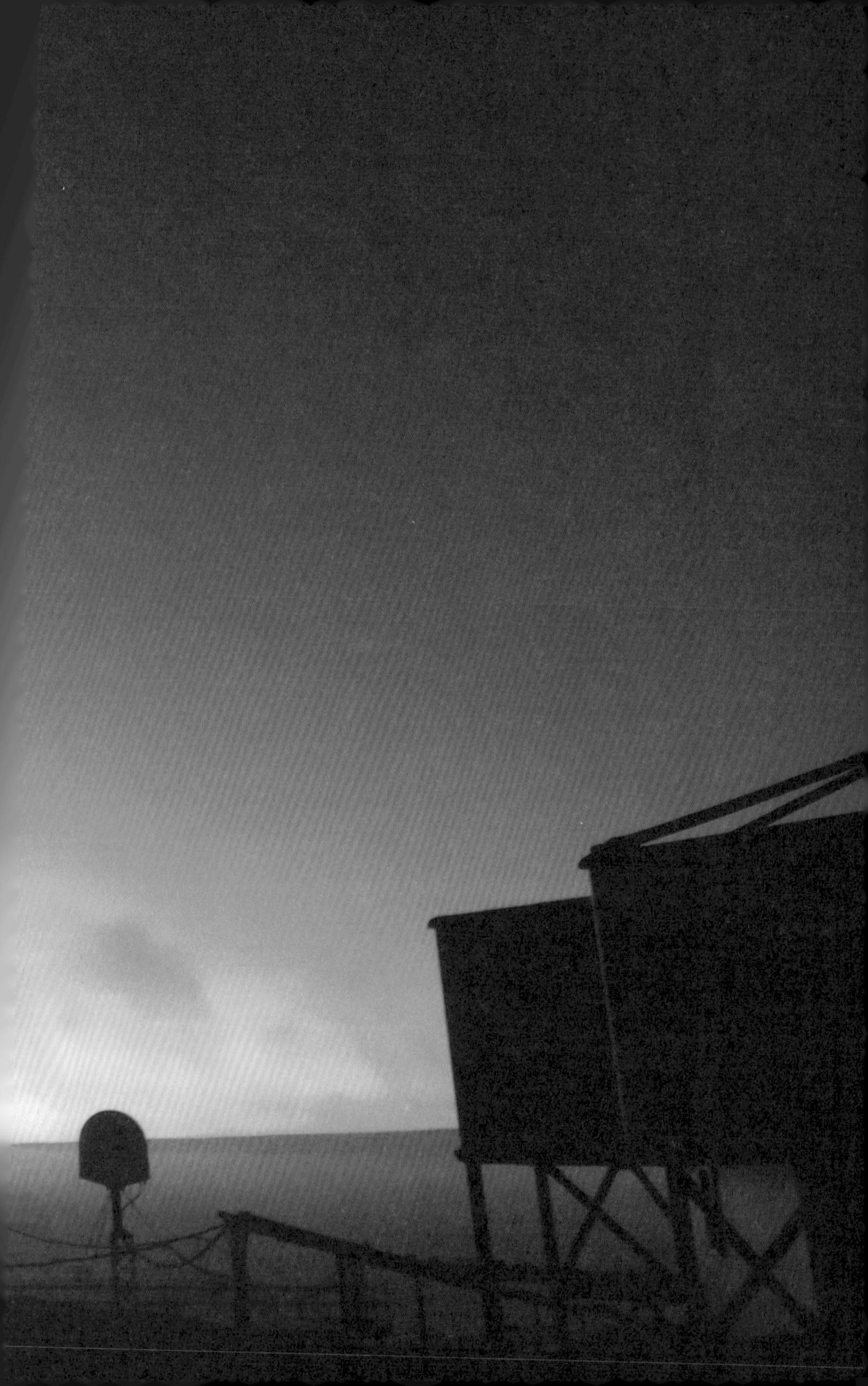

目次

第1章 そもそも、私はなぜ南極に行きたいと思ったのか？

第2章

隊員任命から南極到着までの慌ただしい日々

第3章 南極到着から最初の数か月、驚きの日々

第4章

南極生活にも慣れて、余裕が出てきた頃

第5章

最後の数か月、残りの日々をどう切り抜けたか

第6章 南極で得た暮らしの知恵は、日本の日常につながる物語

昭和基地って どこにあるの？

日本の南極観測隊が生活をする「昭和基地」。実は南極大陸上にはなく、東オングル島という島にあります。日本から飛行機と船を乗り継ぎ、約3週間かけて向かいます。

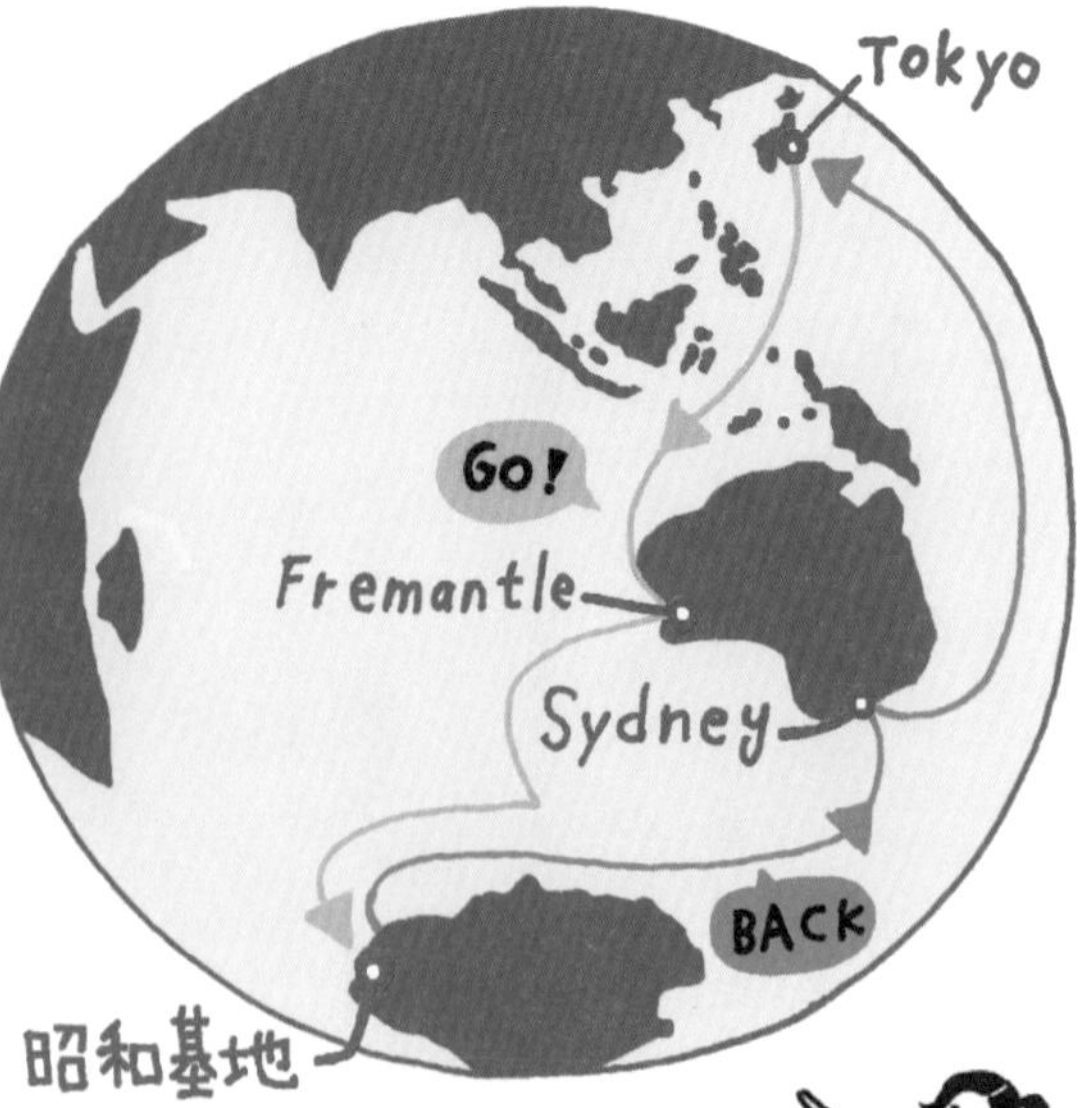

日本から南極まで約14000㎞という道のり。観測隊はオーストラリアまで飛行機で向かい、フリーマントル港から南極観測船「しらせ」に乗り込みます。復路はシドニー経由で同様に帰国します。

本書に掲載されている情報は第57次南極地域観測隊のときのものです。現在は変更されていることもあります。

現在、活動の拠点となっている「昭和基地」は、南極大陸から約４㎞離れた東オングル島に位置。南極大陸には数多くの国々の基地があり、日本の「ドーム ふじ基地」は大陸上にあります。

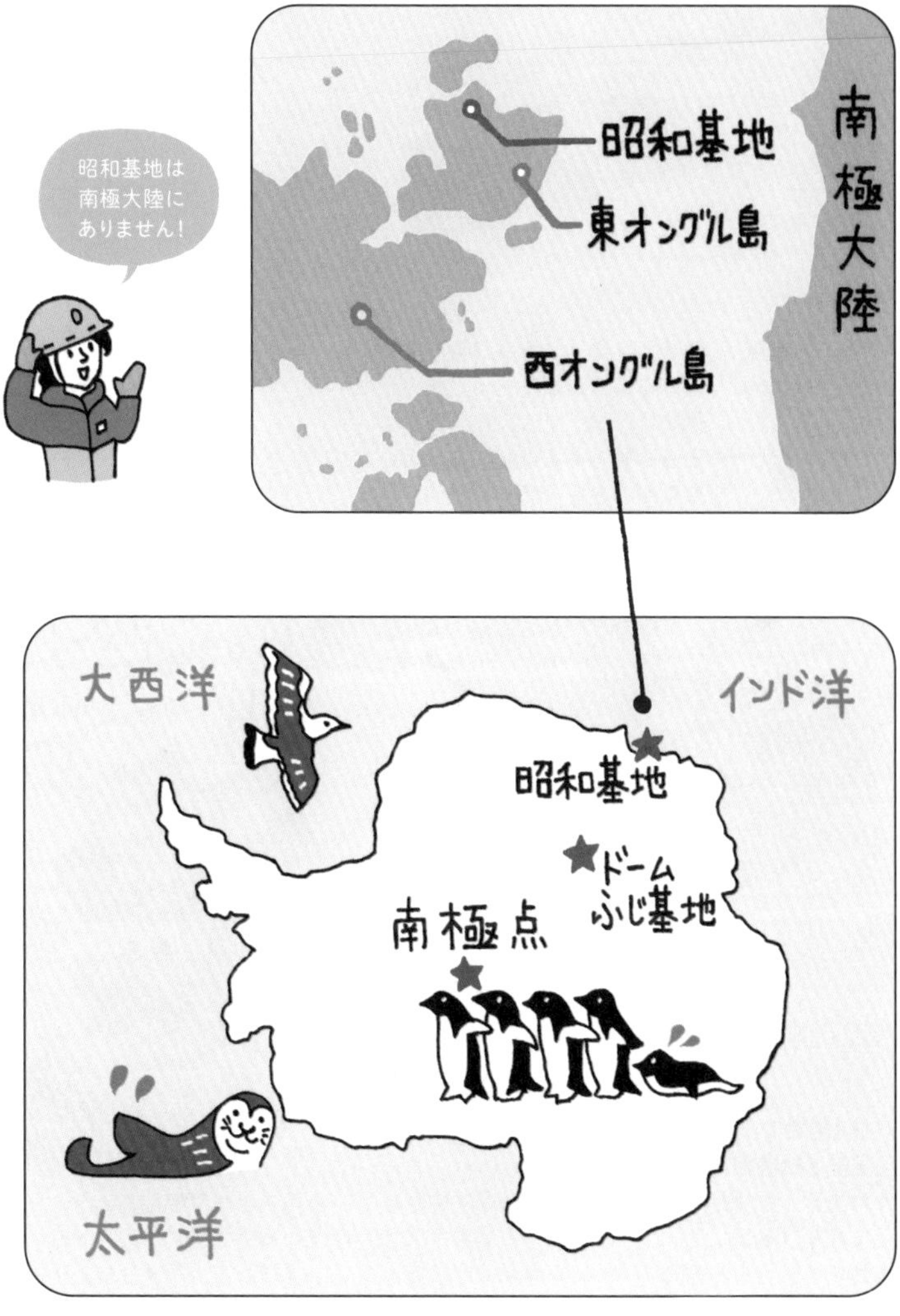

昭和基地ってどうなっているの？

昭和基地には大小70ほどの建物が点在しています。普段、隊員たちが生活を送るのが、ここで紹介する基地主要部。私の仕事場である厨房は、管理棟の3階にありました。

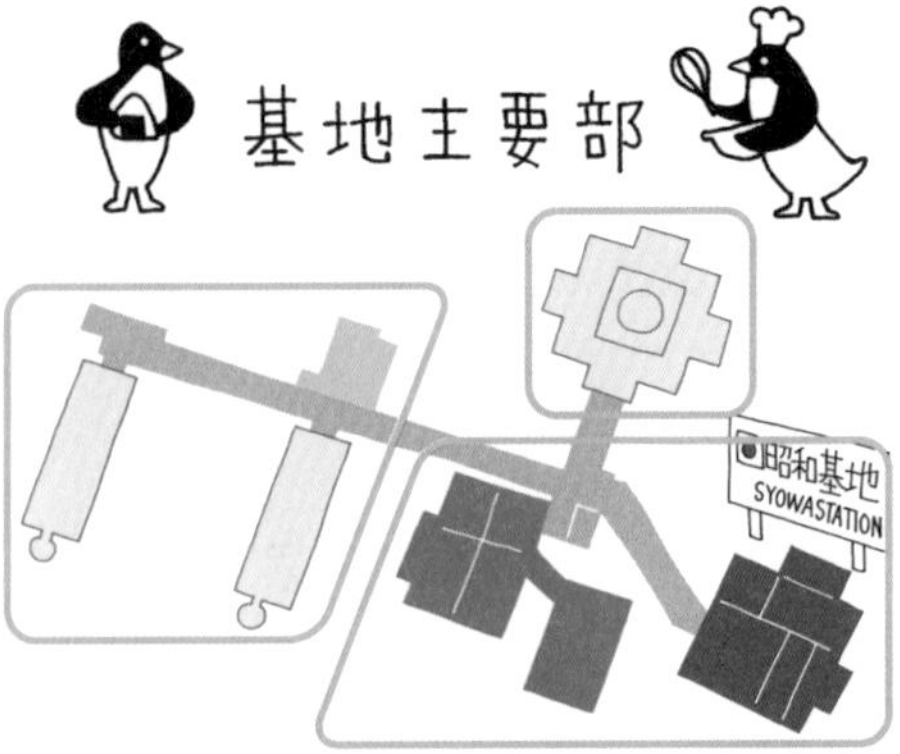

DEV倉庫

スナック菓子やチョコレートなどのお菓子がずら〜っと並ぶ、通称DEV（デブ）倉庫。好きなときに食べてよいが、取り合いになることも…!?

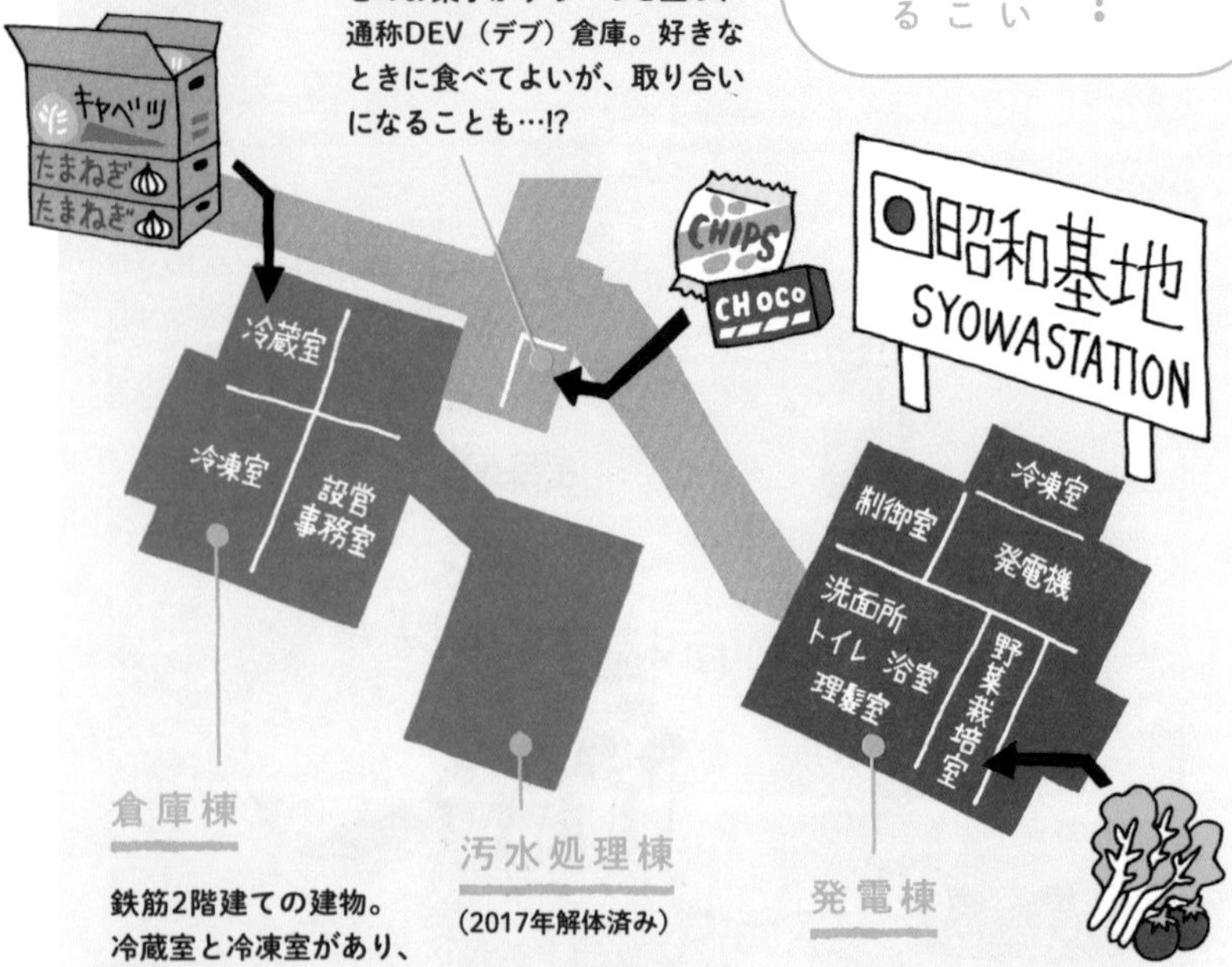

倉庫棟

鉄筋2階建ての建物。冷蔵室と冷凍室があり、食材がぎっしりと詰め込まれているが、食料以外の予備品なども保管されている。

汚水処理棟

（2017年解体済み）

雪がたまりやすいため現在は撤去されており、新たな汚水処理設備が稼働している。

発電棟

基地内すべての電力を作っている発電棟。浴室、トイレ、理髪室、冷凍室があり、ここで野菜も育てている。

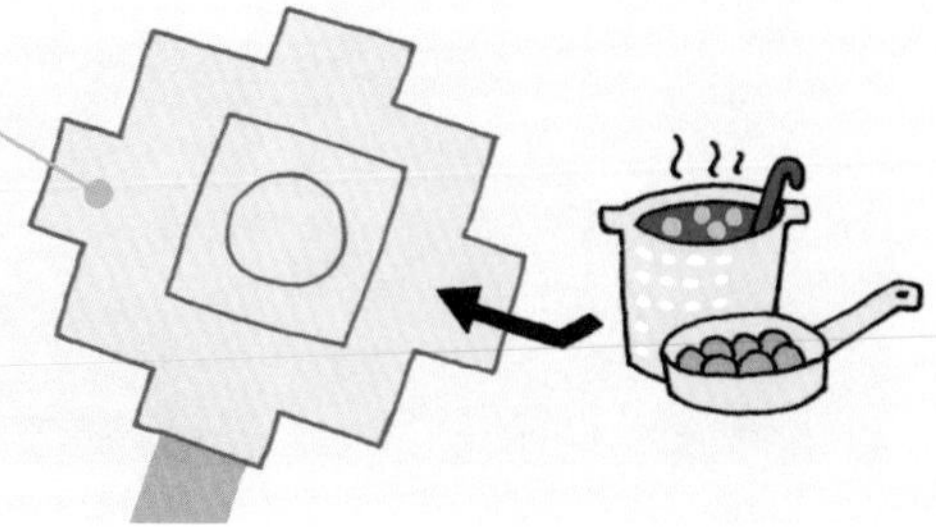

管理棟

3階建てになっており、食堂や厨房のほか、隊長室、通信室、病院、娯楽室などがある。

通路棟

住居棟をつなぐ長い通路。寒さはそれほど感じないが、部屋によってはトイレまで距離があり、意外と遠くて大変という声も。

廃棄物集積場

ごみは一旦ここに集められ、30品目ほどに細かく分類される。ごみは個々または担当者が焼却やプレスなどの処理を行い、すべて日本に持ち帰る。

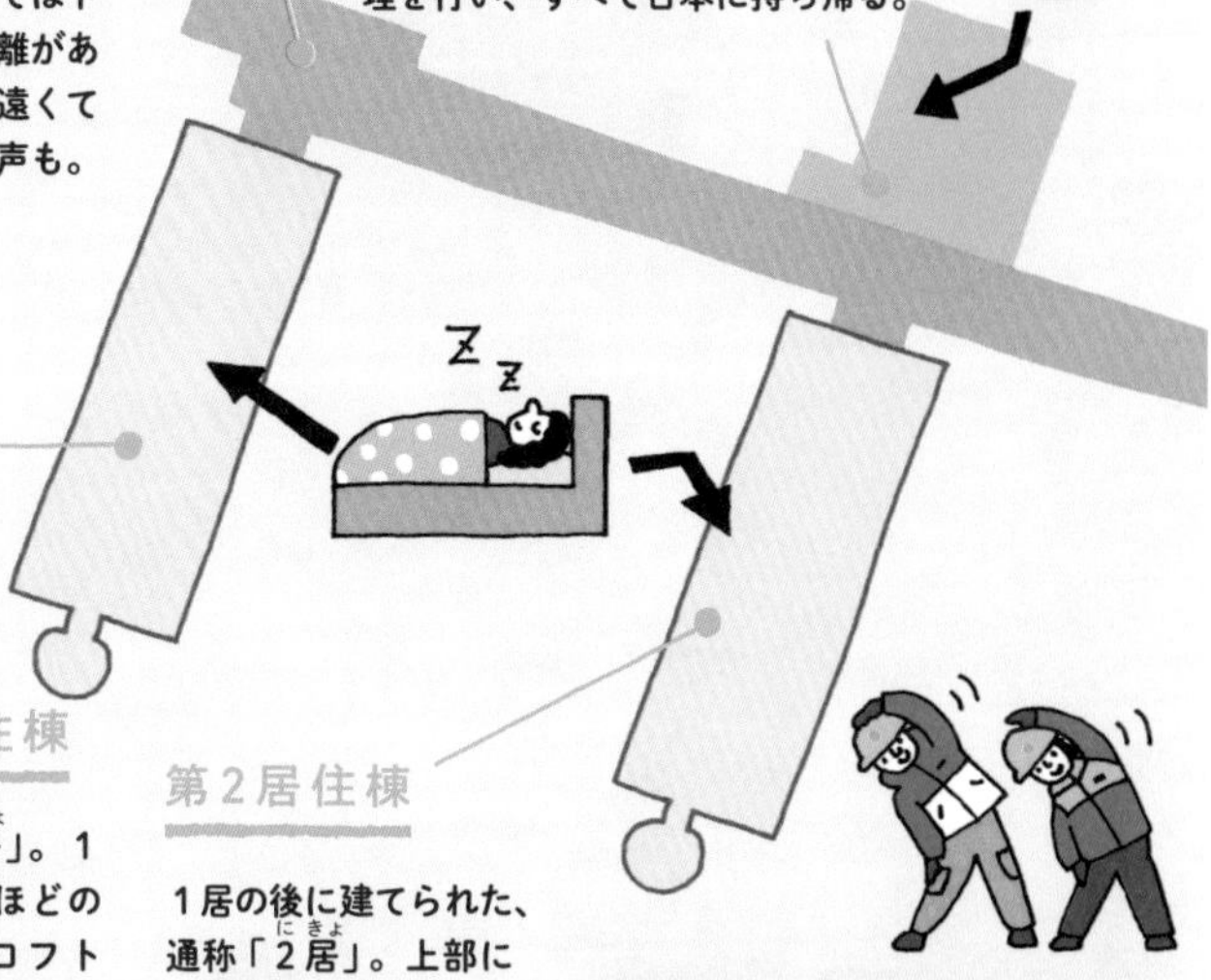

第1居住棟

通称「1居《いっきょ》」。1部屋4.3畳ほどの広さで、ロフトベッドとデスクが備え付けてある。

第2居住棟

1居の後に建てられた、通称「2居《にきょ》」。上部には太陽光を取り入れられる天窓がある。

管理棟周辺にはライフラインが集まっており、ブリザードの際にも屋内で安全に移動ができるようになっている。

昭和基地ってどのくらい寒いの？

年によってはマイナス40度を超えることもある、まさに極寒の地。また1年のうちで、太陽が昇らない「極夜」と、太陽が沈まない「白夜」の時期がある特別な場所でもあります。

1 ブリザード明けは建物を覆うほどの積雪になり、隊員総出で雪かき。

2 晴れているときほど寒く、全身ガードしないと凍傷になってしまう。

3 雪であっという間に埋もれてしまった、燃料が入ったそり。雪をかき出し、雪上車で引き上げようとするところ。

最高気温と最低気温

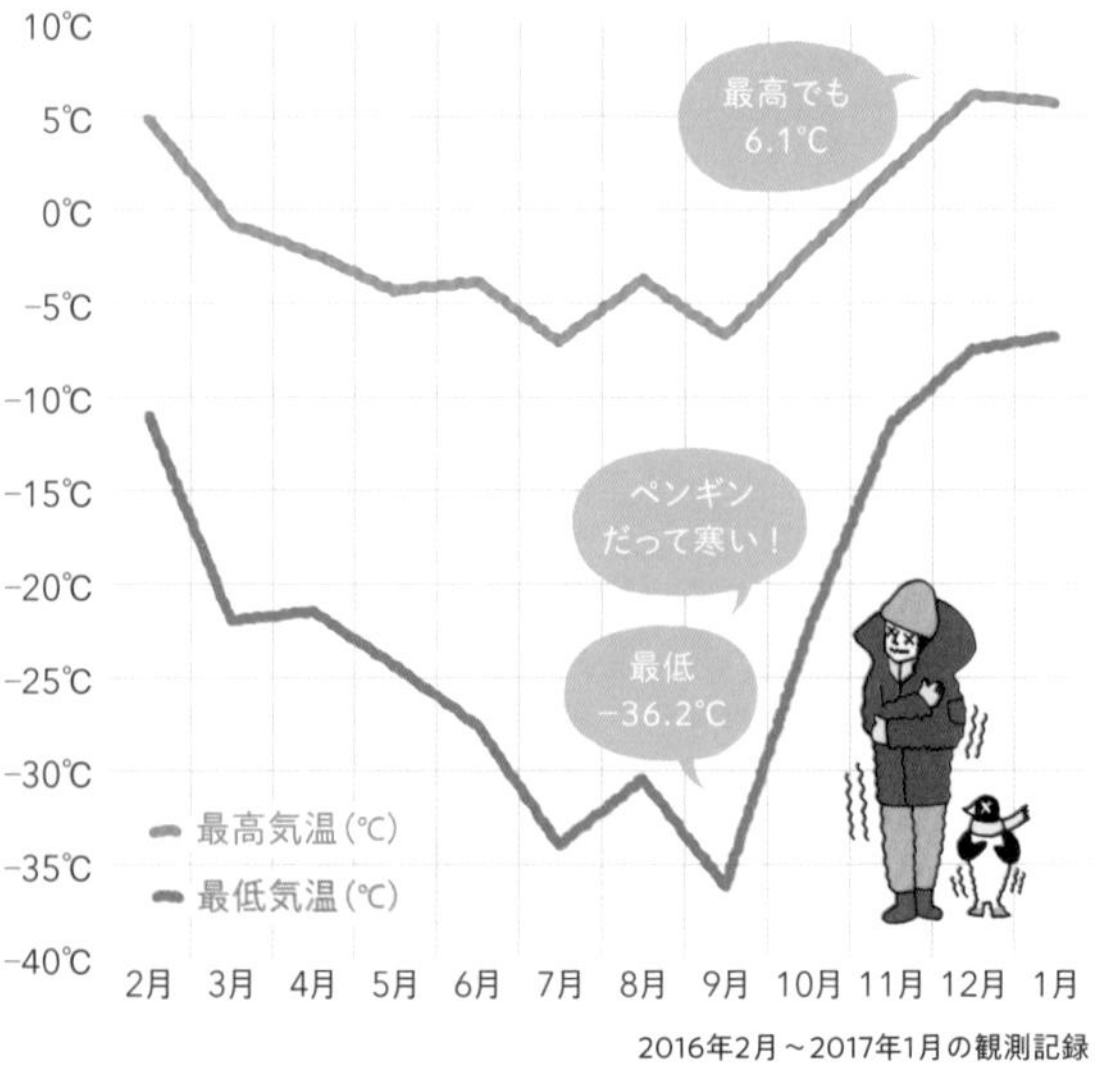

2016年2月～2017年1月の観測記録

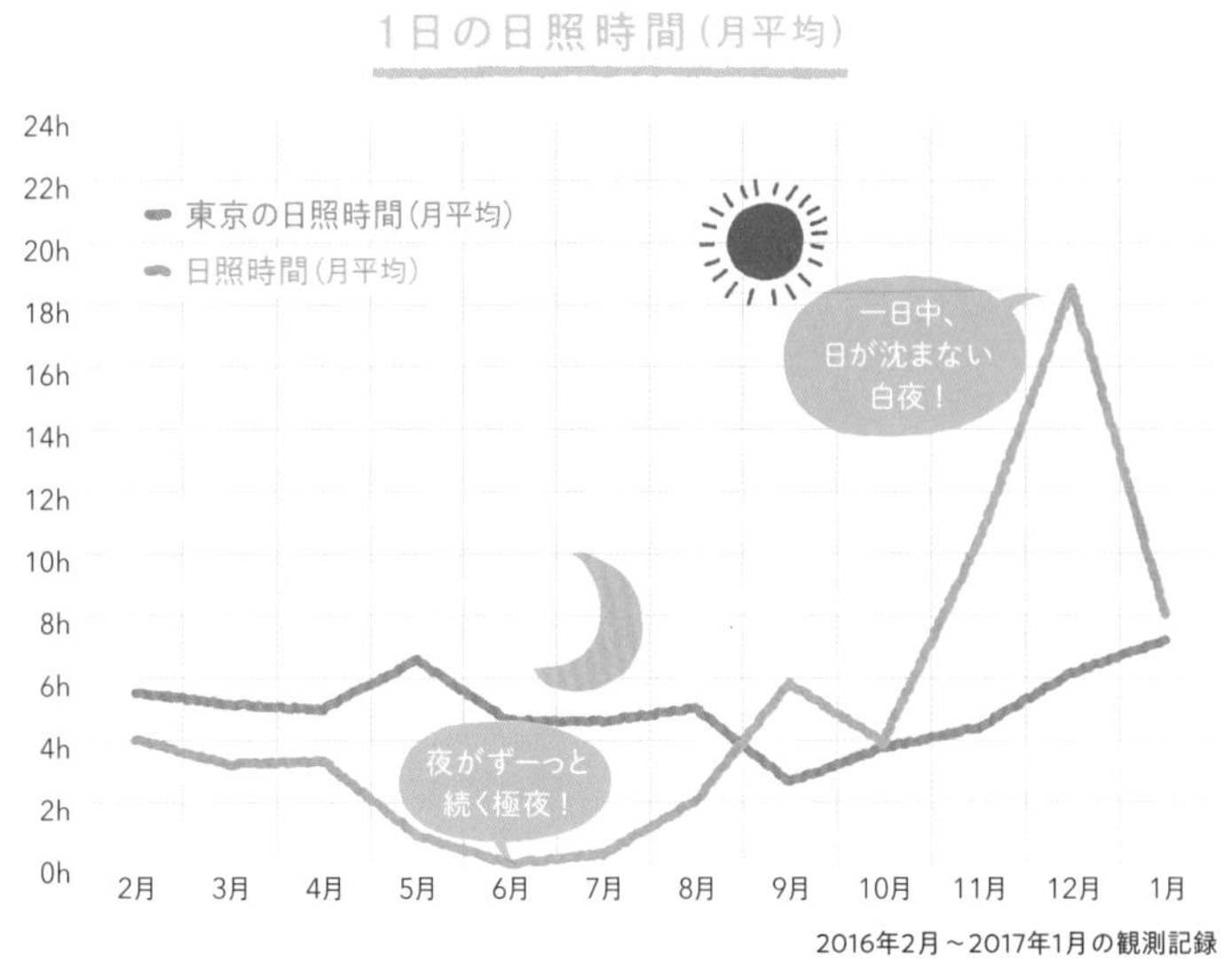
1日の日照時間（月平均）
24h
22h
20h
18h
16h
14h
12h
10h
8h
6h
4h
2h
0h
東京の日照時間（月平均）
日照時間（月平均）
一日中、
日が沈まない
白夜！
夜がずーっと
続く極夜！
2月 3月 4月 5月 6月 7月 8月 9月 10月 11月 12月 1月
2016年2月～2017年1月の観測記録

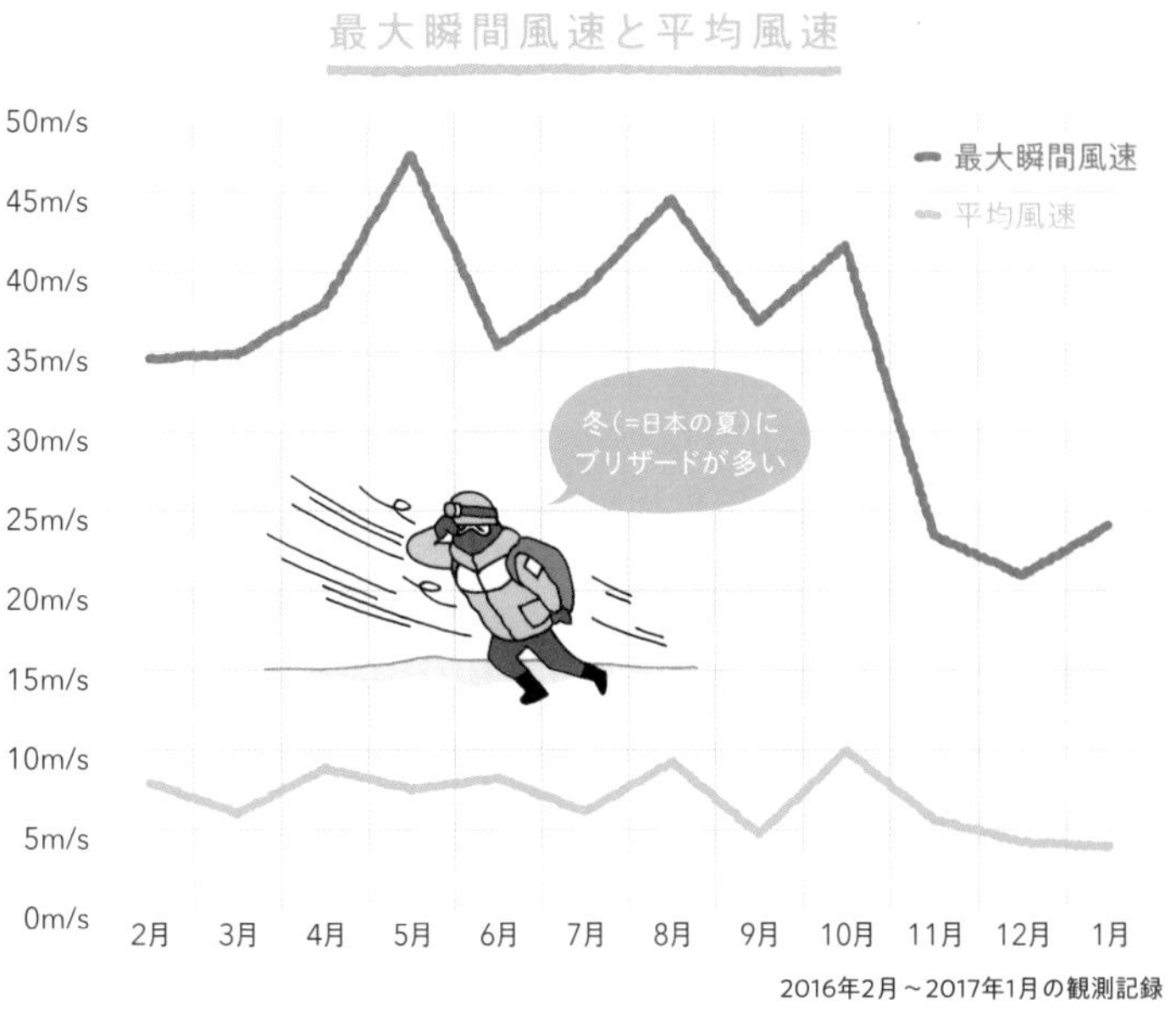
最大瞬間風速と平均風速
50m/s
45m/s
40m/s
35m/s
30m/s
25m/s
20m/s
15m/s
10m/s
5m/s
0m/s
最大瞬間風速
平均風速
冬（＝日本の夏）に
ブリザードが多い
2月 3月 4月 5月 6月 7月 8月 9月 10月 11月 12月 1月
2016年2月～2017年1月の観測記録

南極地域観測隊って何をするの？

隊員候補者になってから任務遂行まで約2年間。南極での生活は1年2か月ほどに及びます。観測船「しらせ」が前の隊を乗せて帰国してから、次の隊を乗せて到着するまで、私たち越冬隊は何があっても帰れません。

観測隊の仕事の流れ（第57次の場合）

2015年

- 1月　隊員候補者になる
- 2月
- 3月　冬期訓練
- 4月
- 5月
- 6月　夏期訓練・隊員に決定
- 7月　国立極地研究所勤務開始
- 8月
- 9月
- 10月　積み込み
- 11月　観測隊出国・オーストラリアでしらせに乗船

←引き継ぎ 食材発注→（7月〜10月）

夏は毎朝行っていたラジオ体操。海外の隊員から見ると、同じ動きをしている日本人は異様な光景だったそう。

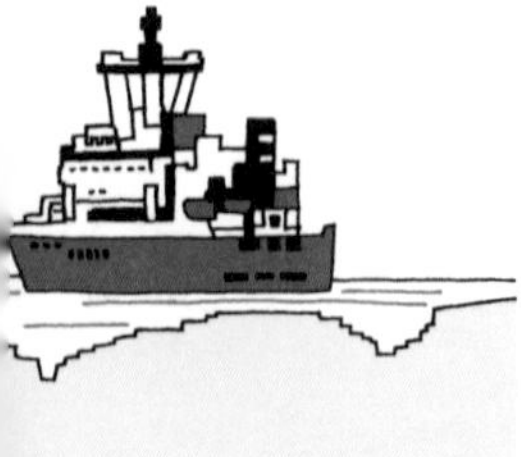

2016年

12月　昭和基地到着

12月〜1月　夏作業（白夜期間）

2月　越冬交代・しらせ出港（夏隊の作業終了）

3月〜11月　冬作業

6月〜7月　極夜期間

12月　次の隊が昭和基地到着

2017年

12月〜1月　夏作業（白夜期間）

2月　越冬終了・しらせ出港

3月　観測隊帰国

4月　しらせ帰港

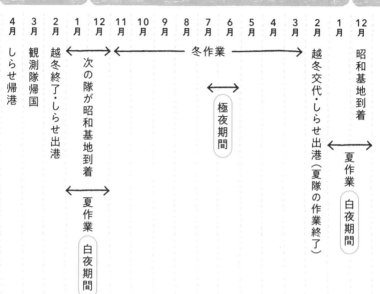

越冬隊は何人いるの？

夏の間だけ作業に携わる「夏隊」と、その後も引き続き昭和基地に残る「越冬隊」がいます。隊長のほか、観測隊と設営隊に分かれており、うち調理隊員は2名です。

越冬隊の人数構成（第57次の場合）

越冬隊長 1名

観測部門 12名

- 気象 5
- 宙空 4
- 気水 2
- 地圏 1

設営部門 17名

- 機械 6
- 通信 1
- 調理 2
- 医療 2
- 建築 1
- 環境保全 1
- 多目的アンテナ 1
- LANインテル 1
- 野外観測支援 1
- 庶務 1

最低限の人員で構成されているため、各々の担当業務でも、そのとき手が空いている者が手伝いながら共同生活を行う。誰ひとり欠けても大変なことになる、まさに命がけの仕事。

第 1 章

そもそも、私はなぜ南極に行きたいと思ったのか？

今でも心から憧れる場所、南極

第57次南極地域観測隊の調理隊員として約1年半の任務を終え、帰国して数年がたちました。縁あって、南極の暮らしについて講演会などで話す機会にも恵まれ、新たな人との出会いが尽きない日々を送っていますが、ほとんどの方から受けるのがこの質問。

「なぜ南極へ行きたいと思ったのですか？」

これは私自身、ずっと考え続けていることでもあります。もともと何か具体的な目的があったわけではありませんし、料理を作る仕事なら、何もわざわざ地球の裏側まで行かなくてもできるのではないかとも思っていました。でも、「南極でないと無理だったのか？」と聞かれたら、多分それはそうなのだろうと思います。うまく説明するのが難しいのですが。

私にとって南極は、行って帰ってきて数年を経た今も、いつの日かまた生活してみたいと心から憧れる場所であり、自分の意識がすっかり変わってしまうほどの影響を与えてくれた場所でもありました。ただ単にそこに行けばよいということではなく、ともに過ごした隊員の皆さんや厳しい環境など、すべてをひっくるめて、私にとっての「南極」であったのだと感じています。

私を料理の世界に駆り立てたもの

私は、青森県の港町育ち。子供の頃から食べ物への興味が強かったように思います。毎週末テレビ番組の「料理天国」を心待ちにしていて、見たことのない料理が登場すると、食べてみたい、作ってみたいという思いが湧いてきて無条件に憧れました。母は丁寧に料理をする人ではありましたが、食卓に並ぶものは乾物、おから、山菜といった昔ながらの素材を使った郷土料理のようなものばかり（今はそれがとても贅沢だということがわかるのですが）。目新しい素材を取り入れることはほとんどなく、定番料理が繰り返し並んでいました。

一度、叔母にハンバーグステーキ専門店で本格的な洋食をごちそうしてもらったときには大きな衝撃を受けましたが、西洋料理の思い出といったらそのくらいでしょうか。私にとって、知らない世界の料理への扉は「料理天国」と、中学生の頃にお小遣いで買った分厚いフレンチの本くらいでしたが、なぜかどちらも、のちにお世話になった辻調理師専門学校の監修によるものでした。

中学校時代には、生地を粉からこねてピザを焼き、同級生に振る舞ったことがありました。近くに専門店もデリバリーもない時代。本場の味はもちろん知りませんでしたが、友達はおいしいおいしいと喜んでくれて、それが本当にうれしかった。当時から私は、時々そんなことをしては調理の楽しさを感じ始めていました。料理を通して南極に感じていた気持ちの芽生えは、この時期にルーツがあるのかもしれません。

高校卒業後には、東京の国立市にある「エコール 辻 東京」に進学して日本料理を学び、その後は母校の職員として就職しました。通常業務のほかに、若手ばかりのチームで職員100人分の賄い業務を担当していたのですが、この仕事にも、中学生の頃のピザ作りと同じようなうれしさがありました。

当時、食べ手である職員の皆さんが評価してくれた私の料理が、「鯖のみそ煮」でした。「家でも作りたいから煮汁だけでも欲しいんだけど」と、私が賄い担当の日をいつも楽しみにしてくれていた人がいたことは何よりの喜びでした。食べてくれた人の「おいしい」という反応が自分の力になっていると感じたあの頃。シンプルなことですが、これこそが自分の原点のような気がしています。

初めて南極を意識したときのこと

南極を初めて意識したときのことはよく覚えています。大げさではなしに、そういう瞬間が確かにあったのです。

ある朝、新聞の紙面をめくっていると、1枚の写真が目に飛び込んできて釘付けになりました。それは、南極の氷上に立つひとりの女性。誰もいない白い大地にすっくと自分の足で立っている姿を見て、心の奥のほうがざわざわしました。

当時は、出産を機に仕事を辞め、子供もまだ小さくて、専業主婦として毎日を過ごしていました。同じようなことの繰り返しの日々に、調理の現場で働いている同期がうらやましいと感じることもありました。写真に写っているのが女性だったということも、心に焼きつきました。

このとき、彼女についてなぜそれ以上知ろうとしなかったのかは覚えていません。でも、現実では子育てに追われていましたし、自分がこの人と同じ場所に立つことなんて想像もつかなかったのだと思います。彼女が朝日新聞社の極地記者であり、日本人の女性記者で初めて南極で越冬をした方だと知ったのは、随分後になってからのことです。

映画「南極料理人」がきっかけをくれた

実際に南極行きの行動を起こすきっかけとなったのは、堺雅人さん主演の「南極料理人」という映画を見たことでした。特に強いメッセージ性があるわけでもなく、ゆるい、心地のよい作品なのですが、食べることと生活することが直結している観測隊の暮らしに興奮した私は、「ここで働きたい！」と直感的に思いました。

頭の中から南極が離れなくなってしまった私は、関連書籍を読みあさるようになりました。高校時代に地学が好きだったこともあり、それも南極に惹かれた理由のひとつかもしれません。何かにこれだけ夢中になったことは初めてというくらいの熱の入れようでした。ちょうどSNSがはやり始めた頃で、南極関連の資料だけでなく、観測隊の人についても調べやすくなっていたことで情報量も加速度的に増え、気持ちの高揚にもつながっていきました。

南極地域観測隊調理隊員OBの方が経営しているお店が東京や横浜に何軒かあることを知ったのも、ネットの情報からでした。そのうちの一軒である関内にあるお店のオーナーさんは、応募の際に推薦状を書いてくださった恩人であり、2度の越冬経験を持つ方でもありました。

最初にその方のお店を訪れた際に驚いたのは、お客さんの多くが、料理と同じくらい南極の話を楽しみに来ているということでした。恐る恐る南極への興味を打ち明けたところ、観測隊の人たちが集まるイベントに声をかけてくださったのです。

実際に交流会に参加してみると、とにかく皆さん魅力的で、来るもの拒まずのスタンス。元調理隊員の方の経験談を聞けるなんて夢にも思っていませんでしたから、無意識のうちにぐいぐいと南極沼に引き込まれていきました。

中でも印象に残っているのは、その恩師の経験談。南極でのスペシャリテだったという「スパムおにぎり」の話でした。食堂にスパムおにぎりを山積みにしておくと、仕事に行く隊員たちが何個かポッケに詰めて出かけていくのが日常だったそうで、ある人は重機を運転しながら、ある人は雪かきの途中で、そのおにぎりを頬張ったと、本当に楽しそうに食べ物の話をされることに心を打たれました。

観測隊の方々の人としての面白さには強く惹かれるものがありました。本当の意味での多様性というのでしょうか。自分の想像を超えてくるような感覚の方がたくさんいて、話していても人としてのスペックがとにかく違う。こういう人たちの一員になって、身をもって体験したい！という気持ちになっていきました。

私自身の料理への向き合い方についても客観的に考えてみるようになりました。すると、不特定多数の人に対してより、顔の見える人のために料理を作っていきたいタイプなのかもしれないと気づき始めました。先にお話しした中学生の頃のピザの話や、賄いの「鯖のみそ煮」の話とも重なる部分があるように思えたのです。料理人として働きたい場所がたまたま南極だっただけなんですけどね。飛躍しすぎですかね。

私って、調理隊員できそう？　無理そう？

南極に行きたい思いは募るばかりでしたが、家族に話をしてみたものの、「興味を持つのは自由だけれど、どうせ無理だろう」といった反応で本気にはしてくれませんでした。選考に通過するなんて、それこそ想像さえできない様子でしたが、当たり前の反応だと思いました。だからこそ、本気を本当にするにはどうしたらよいのか。私は日々悩んでいました。

関内のお店のオーナーさんに、南極に行きたい気持ちを思い切って打ち明けてみましたが、返ってきたのは厳しい答えでした。過去に女性が調理隊員に選ばれたのは一例しかなく、しかも公募ではなく海上保安庁の方だったということでした。思っていた以上の、大変な狭き門です。

「あなた自身の人生を見返して、調理隊員として本当に適性があるのか、何ができるのかを考えるべき。かなりの激務だし、あなたはもう若くないし」とも指摘されました。言葉はとても厳しかったけれど、ストレートな助言に逆に愛情を感じました。どうしたら私という人間をわかってもらえるのだろうか。まずはそこからのように思えました。

南極地域観測隊の調理隊員を務めるということは、約1年もの間1日3食、日々30人分の料理を、期間中の食材の追加調達が一度もない状況で作り切るスキルを備えているということです。でもなぜか私には、不安と同時に意外と大丈夫かもしれないという自負もありました。

先ほども少しお話ししたように、私には、調理師学校の職員に向けて100人分の賄いを作っていた経験がありましたが、それに加えて子育てをしながら数百人単位の仕出し料理に携わった経験もありました。

賄いの話でいうと、食べ手が調理師学校の職員とあってプロでしたから、ヘタなものを作るのは許されない環境でした。日本料理、フランス料理、製パン、製菓とさまざまなジャンルの若手メンバー3、4人で、献立や仕入れまで担当。予算は多くも少なくもありませんでしたが、当番制で数日間担当するため、例えば、月曜日は質素な日→火曜日は質素な日→水曜日は豪華な日といった具合に緩急をつけ、マンネリ化しないようメニューを考えていました。長期間携わっていたこともあり、材料のロスを出さず予算内でやりくりする方法も随分と身についたように思います。

もうひとつ、出産後に子育てをしながら自分のペースでできる仕事として携わっていたのが仕出しでした。これは、家族が立ち上げた仕事なのですが、1日250食ほどこなすこともあり、今でいうゴーストレストランです。数は多くてもうまく仕込みをすればなんとかなるもので、ひとりで180食作ったこともあり、自分のキャパシティを数値化できていた部分がありました。

こうした話を再び元OBの方に聞いてもらい、調理の仕事の手伝いを何度かさせていただく中で、少しずつ自分の気持ちに整理がついていきました。いよいよ応募というときになると推薦状を書いてくださいましたが、「健康診断でダメなとき、5回トライしてもダメなときには諦めたほうがいいですよ」と言われました。

3度目の正直を目指して、ひっそり料理修業の日々

南極地域観測隊の応募は毎年秋に行われます。募集要項が開示されるのは例年8月頃。調理隊員の条件はその当時、「2通以上の推薦状」と「調理師免許を有していること」の

2つのみです。

初回のチャレンジは、南極地域観測が始まって55次目の隊員募集のときでした。このときは書類選考で落選しましたが、2回目の56次は書類選考では通過。ところが国立極地研究所で行われた面接で落選。1回目は覚悟していたこともあって、仕方がないと気持ちを切り替えられましたが、2回目は精神的なダメージが大きく、かなり落ち込みました。年に1度しか募集がないので、モチベーションをキープするのが大変なのです。結局、書類、面接ともに通過したのは3回目の57次の応募のとき。実に3度目の正直で、3年越しのチャレンジが実りました。

面接は1回のみ。30分から1時間程度でした。数日間の面接日の中で、調理隊員の面接日は半日だけのようでしたので、人数が絞られていることは確かでしたが、そのほかは何ひとつ情報はありませんでした。内容としては、南極に興味を持っていることや隊員のサポートに対してのやりがいをアピールするという、ごくシンプルなものでした。

実は、初回の応募と同時に私は仕出しの仕事を辞め、大手の居酒屋チェーンの厨房スタッフとしてアルバイトを始めていました。密かな南極修業でもありました。というのも、今まで携わってきた賄いも仕出しも、数は大量ですが、あらかじめ決まっている内容に対応するものです。でも、居酒屋のような現場は真逆です。漬物、サラダなどといった包丁技術がなくても務まる料理から、焼き物、揚げ物、煮炊き、刺身までと幅広く、注文がきたらすぐに対応しなくてはならないからです。

私が身につけたかったのはスピードと、同時軸で複数の料理を作れるスキルでした。速さと丁寧さの両方を手に入れて、アピールポイントにできたらという思いがあったのです。

ようやく観測隊員候補にはなったものの……

3度目の正直となった57次の面接があったのは1月中旬のことでした。この晩、帰宅して家族と焼き肉店に食事に出かけ、会計に並んでいると電話が鳴りました。子供に財布を渡し、急いで店の外に出ました。

「候補者として手続きを進めます」

電話の向こうの言葉に心拍数が上がり、感情が溢れそうになりながら、何とか平静を保って「ありがとうございます」と返しました。続けて、健康診断や合宿の日程といった今後の予定が淡々と告げられましたが、あまり記憶に残っていません。信じられませんでした。私は晴れて南極地域観測隊の調理隊員候補となったのです。

その場で家族に伝えたかったけれども、私がいなくなったら家のことはどうするのかという自問もありました。とはいえ、私の中には「行かない」という選択肢は既になく、「やったー！」と「どうしよう」が、頭の中をグルグルしていました。

通知を受けた当日はうまく報告できずにいましたが、私が3年間ひっそり応募を続けていたことを家族は知っていました。結局、意を決して気持ちを伝えることで、了承してもらうことができました。子供は高校生でしたので、「母親がいないほうが自立できてよいのではないか？」などと、実は本気で思っていたりもしました。実際のところはどうだったのでしょうか。今では一応、掃除も洗濯も料理も自分でできる大人になりましたが……。

気持ちよく送り出してくれた実家の父と母

候補者にはなったものの、最終的な決定は半年後の6月。この時点ではあくまで候補者として訓練や検査を受け、文部科学省の報道発表が出るまでは宙ぶらりんな日々を送ります。それでも、3月には冬期総合訓練があり、6月には夏期訓練。これらに約1週間ずつ参加し、候補メンバーとともに過ごします。

実は、実家の両親や兄弟には何ひとつ知らせていませんでしたので、報道発表の前には伝えなくてはとドキドキしていました。彼らならわかってくれるだろうか？　私の南極行きについてどんな反応を示すのだろう。かつて、大学への進学を迷っていた私に「料理の道に進んだらいいいんじゃないの？」と背中を押してくれたのは母でしたし、高校3年時の3者面談で、「先生はどう思われるかわかりませんが、私は娘の決めたことを尊重したいと思います」と言ってくれたのは父でした。

実家に帰る前、兄にだけこっそり話をすると、当然のことながら驚かれました。不安なまま帰郷することになりましたが、駅に迎えにきてくれた父に「お前、南極行くんだって？」と、普通に話を切り出されて拍子抜け。兄がすでに両親に話してくれていたようでした。母もごく普通に南極行きを受け入れてくれ、もしかしたら気を使ってくれていたのか、いや育ててくれたからこそ、私の性格を十分に理解していたのでしょう。本当は心配だったでしょうし、引き止めたかったかもしれません。でも、とにかく応援モードで送り出してくれて、ありがとう、ありがとう、という気持ちでいっぱいになったのでした。

冬と夏、2度の訓練。調理隊員の「相方さん」に初対面

候補者になると、決定までの半年間に冬と夏の2つの訓練がありますが、このときにいよいよ、もう1名の調理隊員候補者とご対面です。男性で、しかも南極経験者。未知の南極におけるたったひとりの私の相棒ですので、第三者に話すときには、彼のことを「相方さん」と呼んでいました。彼も私のことをそう呼んでいたようです。相方さんは、ホテルや大人数が集う会食などで数百人単位の料理を取り仕切ってきた豊富な経験の持ち主で、専門はフレンチとのこと。彼が南極経験者であることは、その後の南極生活において本当にラッキーで、ありがたいことでした。

冬期訓練は長野県の乗鞍岳で行われました。主には寒冷地での野外の行動訓練でしたが、普段都市で生活している私にとっては、環境に順応するために必要な知識ばかりでした。雪の中をスノーシューで歩くコツから始まり、氷の割れ目などに落ちた場合に引き上げたり、自分で這い上がってくる訓練だとか。なんらかの天候不良で基地に戻れなくなったときや、遭難時を想定した、小さなテントで過ごす「ビバーク」という訓練などもありました。

夏期訓練は、内部資料を基にした座学が中心でした。現地における実務や行動計画、

参加予定の57次に計画されている大きなミッションについての話と職務の話。つまり、調理隊員として仕事をする以前の基本的な話がメインです。自分の業務以前にここを理解していないと実務に落とし込めませんし、何も先には進めないのです。

例えば、「早朝に出発して、数日間基地には戻らず調査をして計画を遂行したい場合、どのような食事がよいか」といったように、目的の遂行のために状況に見合った食事の形を考え、組み立てていきます。外は吹雪かもしれないし、晴れているかもしれない、ではどうしたらいい？　南極では、今までにない感覚で五感を研ぎ澄まさなくてはならないのだろうと感じました。ミッションの説明と並行して具体的な食事の問題が登場するたび、想像力を働かせて必要と思われる食材をメモに書き留めました。

観測隊に関しては、人員の予備枠はありませんでした。つまり、合宿に参加していたのは正規の候補者のみで、補欠人員は含まれておらず、健康診断などの調整を経て欠員が出た場合には、落選者が急浮上する形がとられて驚きました。当初3名だった女性の越冬隊員は、最終的には5名で正式決定となり、私は晴れて南極地域観測隊の調理隊員となったのです。

第 2 章

隊員任命から南極到着までの慌ただしい日々

正式決定。そして準備室開設！

記念すべき7月1日。隊員としての活動がいよいよスタートしました。立川にある国立極地研究所の南極観測センター内に国内準備のための隊員室が開設。普段は何もなくがらんとした部屋に、この期間に限り何十台も机が運び込まれ、即席オフィスとして稼働します。

私たちは期間雇用の職員として毎日9時〜17時半の勤務。隊員室に詰めるのはフルメンバーではないのですが、越冬隊と夏隊が混在し、出発までの時間を共有します。夏隊というのは私たちと一緒に日本を出発して、南極の夏の期間の作業に関わる方々のこと。出発から4か月で帰国となるのですが、白夜に来て白夜の期間中に帰るので、南極の日没を見ることはありません。そんな理由から「日帰り」って呼ばれているのです。

私と相方さんは隣同士。事務方からの説明はあったものの、食事に関する判断は調理隊員に丸ごと委ねられている感が強いことに驚きました。相方さんは5年前に参加していて今回は2度目。経験者とあって、そこも含めて想定済みなのでしょう。特に驚いた様子も見せず、公式の引き継ぎに向けての準備など、大まかな流れについて淡々と話してくれ、それがちょっとだけ私を安心させたのでした。

隊員室での業務が始まってすぐの金曜日にお披露目会がありました。お披露目会といっても、我々がホストとなって約３００人分の料理を準備しなければなりません。メニューを決め、炊飯用の釜のレンタル手配、材料の買い出しなど、すべての段取りを数日間で行わなくてはならないのです。ゲストは南極関連の企業の方やご家族などさまざまでしたが、問題はそこではなくセンター内の給湯室で調理しなくてはならないという点でした。ＩＨのコンロが一口、シンクは寸胴鍋ひとつも入らないサイズなのです。相方さんに「この状況は毎年のことだから」と教えてもらったことで、この日を乗り切ってやろうという覚悟を決めました。

２人では無理な作業量なので、隊員室の人間に仕事を割り振りました。初めての共同作業でしたが、開室間もないこの時点では隊員の顔と名前が一致していません。しかも大量調理に関しては素人の方々です。そこで、サンドイッチなら、こちらで中身を作って重ねるところだけお願いするなど、工夫しながら仕事を振っていきました。すべて相方さん頼みでしたが、なんとか切り抜けられ、隊員同士も打ち解けてきていい雰囲気に。「南極に行きたいなんていうと世間では変わり者扱いされてしまうんだけど、ここではそれが普通だから、自分の夢を思いっきり話せるこの場所はとても心地がいいんだ」。そんな風に話す方もいましたが、私も同じ思いでした。

世界一長い内線で引き継ぎ開始。1人1トンの食材を発注

お披露目会が済むと、いよいよ引き継ぎ業務がスタートします。日本と南極の時差は6時間。「世界一長い内線」と呼ばれる内線電話とメールで連絡を取っていました。衛星回線のおかげで、立川の事務所から南極まで通信料は無料です。

まずは挨拶から始まり、発注したほうがよいもの、余剰があるもの、調理道具や器具類が壊れていないかの確認、追加したほうがよいものなど、あらゆるチェックを行います。例えば、昭和基地では調理にプロパンガスを使うのですが、在庫数がどの程度かなど、想定できる細かい部分をひとつひとつつぶしていく感じです。OBの方が来てくださる日が1日だけあり、失敗談などいろいろな経験談を聞くことができました。

並行して始めたのが、南極に持っていく食材の発注でした。まずは業者の選定をし、食材をリストアップ、業者に見積依頼をして、予算と戦いながら発注。デスクワークは9月くらいまで続き、納品された食材を10月にはコンテナに詰め、船に運び入れるのです。

食材発注の参考にしたのは、事務所内に保管されている、過去の調理担当の発注記録でした。隊員30名の約1年分の食料の総量の目安、米なら何キロ、ビールなら何本といった具合に具体的なことが大まかに書いてありましたが、お酒や嗜好品などの枠は年に

よって差が大きく、記録にも差がありました。つまり、ベースとなるマニュアルは特にないのです。隊員1人に必要な食材の目安は、重量換算で1年間に大体1トンといわれています。それが30人分。つまり、わかっているのは合計30トンの食材を持っていくということだけなのでした。

まずは業者さんの選定からです。定期的な依頼ではなく、一度の注文で約1年分、数百万円単位の納品が可能なことが必須ですが、そういった業者さんは決して多くはありません。また、指定した納品日に必ず納められることも条件です。1か所でも業者さんの納品予定が狂ってしまうと、積み荷の作業に影響が出てしまうからです。

主な業者ジャンルを記すと、まず米のメーカー、ジュースなどの飲料品メーカー、酒類メーカー数社、魚の業者、肉の業者、野菜の業者といったところでしょうか。ここに含まれるものは、嗜好品以外のすべてです。嗜好品の中でもたばこは個人で購入、お酒やお菓子は越冬隊から徴収した予算からと分けられていました。肉、魚、野菜といった生鮮品の真空処理、瞬間冷凍、低温長期保存の技術を持ち合わせているかどうかも重要なポイントです。一から交渉している時間はありませんし、ある程度は歴代の業者が対応してくれましたが、自分たちが個人的につながりのあるところも合わせて交渉を進めていきました。

「食材項目と必要量はどう決めるのでしょう？」。相方さんに相談してみると、「料理人は人それぞれ個性が違うから、予算云々の前に結局は好みなんだよ。自分が料理によく使う素材は何か、作りたい料理はあるか、そのために必要な量はどのくらいか。それだけを考えてまずは書き出す。それから調整していくのがいいんじゃないかな」という答えが返ってきました。

まず、リストアップしてみたのが肉でした。それぞれで使いたい部位や分量を洗い出してみると、まさに相方さんの言う通り。私はもともと手羽元をあまり使うほうではないのに対して、相方さんは手羽元をよく使うようで、量が全然違う。私がほとんど使わない部位も入っていたりして、料理人によってかなり違ってくるのだと知りました。そうして、リストを見比べながら細かく調整。ここから先が予算との勝負。現実との勝負です。

同じように米、魚、野菜、乾物、缶詰、瓶詰、飲料、調味料、薬味類、菓子や酒類…。日常食材の品目を書き出しつつ、これは常温、これは冷凍、これは缶詰など、運搬や保存が可能な状態を見極めて項目を詰めていきました。サンプルも取り寄せて、現物の確認もしました。南極から返品はできませんし、現地で不良品と判明したらアウトですから。

野菜は基本的には冷凍野菜ですが、できる限り生野菜も食べたい。どんな野菜なら日もちするのか、日もちさせる方法があるのかを、業者の経験も反映させながら数量を決めていきました。最近は冷凍技術が進んでおり、ハーブなどの薬味野菜も冷凍で販売されているのですが、やはり生にはかなわず……。

環境保護条約で土壌は持ち込めない代わりに、昭和基地では水耕栽培で野菜を育てられる施設があります。種子も本来は持ち込みできませんが、環境省に申請をし、許可が下りた野菜の種は持ち込むことができるので、細々とではありますが、生野菜の栽培はできることがわかりました。

お菓子のラインナップは足で稼いで、バリエーション豊富に準備

仕入れの際に感心したのは、船舶専門の業者さんの存在でした。大手の業者さんは大量発注の際は心強いのですが、最小ロットがあるため、ちょこっと発注したい場合に対応してもらえないことも多いのです。

船舶専門業者は小回りがきいて、いろいろなわがままに対応してくれます。例えば、「シャトレーゼ」のアイス。欲しいアイスのリストを渡すと、その業者さんが直接、店舗で購入し、段ボール箱に詰めた状態で納品してくれました。業者を介すると、手数料が

かかるのが通常ですが、金額は店頭価格そのまま。まるで家族がおつかいで買い物をしてきてくれるようなホスピタリティで本当に助けられました。

私と相方さんで「二木の菓子」という卸問屋まで買いに行ったこともありました。例えば「うまい棒」は味のバリエーションこそが楽しいお菓子ですが、業者さんからバラで買うことは難しいからです。1ケースと1個だけ必要で2ケースまでは必要ないような場合は、それをかなえるためには自分たちで買いに行くしかありませんでした。

細かい作業ばかりでしたが、後に現地で隊員の方たちが楽しそうに頬張っているのを見たときは時間と足を使ってよかったなとうれしくて。私たちが悩んだ経緯を知る由もないでしょうが、そんなことはどうでもいいんです。食べることを楽しんでもらいたい、それは料理人というよりは、母ちゃんという気持ちのほうが勝っていたのでしょう。

発注業務を行う際に食品品目を構成するベースとなったのが、夏合宿の際に隊員たちに回答をお願いしていた、「食べ物の嗜好に関するアンケート」でした。調理隊員で代々使われてきたフォーマットがあったので、それを活用しました。

ご両親の出身地に始まり、好物のアルコールやお菓子、嗜好品、納豆を毎朝食べるなどといった日々の習慣など細かく項目があったのですが、なぜか、嫌いな食べ物を書くスペースだけが設けられていませんでした。それこそが知りたい部分でしたが、わからずじまい。そして実際のところ南極では、最初はわがままを言わずにいい人として振る舞うという気遣いも見られましたが、だんだん、皆さんの好き嫌いの多さに驚くことになるのです。

食材をコンテナに詰める。まるで難解なパズルのよう

今回の見積もりの大変さは、予算に加えてコンテナに重さと量（かさ）が収まるよう、並行して考えなくてはならない部分にありました。コンテナの種類には、冷凍、冷蔵、常温の3つの温度帯がありますが、船の構造上、冷蔵品と冷凍品はコンテナ8つ分までと決まっているなど、総重量の規定もあります。リスクを考えて、中身は6割程度しか詰めませんが、コンテナによって重さに差があると船の重心のバランスが悪くなるため、偏りが出ないよう振り分けるのです。

さらには、どのコンテナにどの業者のものから詰め込めばよいか、その順番が決まって初めて各業者に納品日を振り分けられるのです。例えば、やわらかいものの上にかたいものを載せるわけにはいきません。となると一番先に詰めるべきは米になるわけで、最初に納品されていなくてはならないといったようなことです。すべての項目を組み合

わせていく作業は、実に難解なパズルのようでした。

納品は10月の頭あたりが予定されていましたが、30トン近い食料が納品されてくるので、調理隊員だけで仕分けるのは不可能です。事前に「手空き総員」のアナウンスをしておいて、皆さんに手伝ってもらいました。国立極地研究所の敷地内に並んだ、電源の入った状態のコンテナには冷蔵物、冷凍物を、スチールのコンテナには乾物類など常温品の段ボール箱を詰め込みます。コンテナ前に全員が横一列、かつ互い違いに並び、バケツリレーの要領で食料の入った段ボール箱を手渡していきます。私はコンテナの中に待機して、重さを考えながら、ブロックパズルを積んでいく感じで詰め込んでいきます。詰める順番と納期のすり合わせは、細かく組んではいたものの、やはり混乱する作業でした。一度、私が米の数え間違いをしたせいで、詰めたものを全部出して入れ直したことがあり、隊員みんなに迷惑をかけてしまったことは今でも忘れられません。

こうして、積み荷が完了したコンテナは、大井埠頭まで運ばれて船へ積み込まれます。ここまでが日本での仕事。初めて会った人たちと一から関係を築き上げ、時には意見をぶつけながら嵐のようなスピードで働いた隊員室。急に人の気配が消え、寂しさを感じながら、いよいよ旅立つのだと感じました。

コンテナに積んだ食材リスト

• 冷凍コンテナ

肉、魚は１００%冷凍品。野菜は、冷凍野菜として製品化されているものと、独自に冷凍処理してもらったもの。

• 冷蔵コンテナ

主に野菜、果物、チョコレート。野菜はキャベツ、白菜、長いも、玉ねぎ、じゃがいも、にんじん、ごぼう、大根など。果物はりんご、オレンジ。途中のオーストラリアで追加する食材のスペースも空けておき、現地で積み荷。主にキャベツ、白菜、卵、牛乳、オージービーフ、ワインなど。

• 常温コンテナ

米、飲料、調味料、缶詰、瓶詰、乾物、こんにゃくなど。船は赤道を通過するため、常温品は比較的温度が一定に保たれる船底近くに積まれる。ちなみに、隊員の予算で購入したチョコレートは冷蔵コンテナに載せられるが、各自が用意した私物は各々の船室に。ただし、赤道を通過する際に室温が上がってしまうため、南極に着く頃には真っ白に！

いよいよ南極への航海が始まった！

10月下旬に大井埠頭でコンテナを積み込んだ南極観測船「しらせ」は、隊員より2週間早く日本を離れ、オーストラリアのフリーマントル港へと向かいます。この船は、文科省では「南極観測船しらせ」、防衛省では「砕氷艦《さいひょうかん》しらせ」と呼ばれています。南極観測隊は文科省の管轄ですが、人員や物質の輸送は海上自衛隊。

私たち隊員は、2週間遅れでオーストラリアのブリスベン、パースへと飛行機を乗り継ぎ、そこからバスでフリーマントルへと向かい、「しらせ」と合流します。フリーマントルに2、3日滞在する間、日本で発注済みだった追加品目を確認し、「しらせ」に積み込みました。空けていたコンテナのスペースも無事埋まってひと安心。そうして、しばしお別れとなる文明圏で最後の時間を過ごしました。

いよいよ出港というとき、防波堤には日本の国旗を振って見送ってくださる方々がいて、「ああ、本当に南極に向かうのだ」という気持ちが込み上げてきました。汽笛とともに次第に岸は遠ざかっていき、ふと気がつくと、大海原にポツンと自分たちだけに。1時間もたたないうちに周りには他の船もいなくなり、何ひとつ見えなくなっていました。大海原に踏み出したのは初めての経験。怖いような感傷的な気持ちでした。

船は次第に揺れ始め、乗り物にめっぽう弱い私は、崩れるように気分が悪くなっていきました。このあと、「しらせ」でお世話になる海上自衛隊の方々との顔合わせが控えていたのですが、立っていられる自信がなくなり、結局会合には参加せずに部屋でそのまま寝込んでしまったのでした。

ちなみに、オーストラリアから南極海へ向かう南緯40度から60度の海域は、周りに陸地がないために風を弱める要素がなく、常に荒れています。南緯40度から50度の海域は「吠える40度」と呼ばれ、西寄りの卓越風が吹き荒れます。さらに波浪によって揺れるのがこの先の「叫ぶ50度」、そして「狂う60度」と呼ばれる海域。ここを超えるまでは耐え忍ぶしかないのです。「しらせ」は揺れないほうだといわれていましたが、私にとってはそれなりの揺れ。ただただ気持ちが悪く、酔い止め薬漬けだった記憶しか残っていません。

船の中の暮らしと仕事

体調がどんなに悪くても、船の中は6時起床です。5分前になるとなぜかスピーカーのプッという音がして目が覚めてしまう。艦上体育といって、船の甲板での運動も許可されていて、隊員たちは鬼ごっこ、キャッチボールなどさまざまな運動をしていました。

とはいえ、私にはそのような余裕はありませんでしたが。

船上の食事を担当してくださるのは、海上自衛隊の4分隊の給養員と呼ばれる方々です。私たちも時折お手伝いに伺うのですが、もっぱら下ごしらえ要員として、じゃがいもの皮むきや、フライもののパン粉つけなどのサポートを行っていました。

船の中の厨房はイメージ的には給食センターのような感じ。蒸気を使用した大きな回転釜で大量に調理します。海上自衛隊といえば「カレー」のイメージがあると思いますが、金曜日は定番の「カレーの日」と決まっていましたね。

航海中の業務は、南極到着後のスムーズな食事提供についてのシミュレーションでした。相方さんに見えていたものは、私と随分違ったことでしょう。到着後にキャンプ生活をしながら調査を行う予定の観測隊のための、食事の準備も行いました。観測隊の仕組みは少し複雑で、全員が昭和基地に入るわけではありません。基地外でキャンプ生活を送りながら、氷上観測ほか、南極大陸上のさまざまな外部調査を行うためのチームもあり、長ければ3週間ほども自炊生活をします。そのための準備として、肉を切って下味をつけたものや、ブロック肉をカットしたものを素材ごとにパッキングし、焼いたり煮たりして火を通せば食べられる状態にする準備を数日かけて行いました。

発注し忘れたものをひとつ思い出しました。紅しょうがです。

ある日、何かのメニューに添えてあったのを見て思い出し、相方さんと2人で「あ！」と顔を見合わせました。発注どころか話題にもならなかったことに絶句し、「ないよね？どうする？」と。結局、海上自衛隊の調理の方たちに2キロだけ譲っていただくことができました。「あんなに頑張ってリスト作ったのに、まだ抜けがあったなんて」、「1年分でこの量の紅しょうがかぁ、足りるかな、でもなくてもなんとかなるだろう」。そう思っていたのですが……。後日、昭和基地で牛丼を作ったところ、牛丼店でもたまに見かけるお客さんのように、牛肉と同じくらい紅しょうがを盛る方がいて、2キロではとても足りないことがわかりました。そのときから、「紅しょうががないことは隠す！出すのは時々にする！」に徹することになったのは言うまでもありません。

海は静かになり、代わりにだんだん寒くなってきた

航海が進むにつれ、日に日に寒くなってくるのを感じました。最初は眠るときに掛け布団は必要ありませんでしたが、ある日、スーッと寒い空気が混ざってきて、気温が下がっていくような感覚とともにじわじわと、これはいよいよ南極に近づいているのだという気持ちになりました。揺れも次第に落ち着いてきて、私でも甲板に出られるくらい

になってくると、無音になるような感覚とともに、フッと波が穏やかになりました。あの瞬間は、とても不思議な気持ちでした。

波の間には小さな氷が見え始め、だんだんと大きな氷山になっていきました。定着氷縁と呼ばれる氷の縁に船が到達すると、そのあとは、船の重さで海の氷を砕きながら進んでいくのです。ゴリゴリ、ガリガリ、うまく形容できないような重たい音。そうして氷の中を突き進みながら、私たちは昭和基地の方角へとひたすら進んで行きました。

あの風景はとても美しかったし、初めての感覚を楽しむ時間もあったように思えるけれど、私の中の緊張は、いよいよだという思いとともにどんどん大きくなっていき、今思うと、気持ち的にはあまり余裕がなかったかもしれません。

出発から南極到着までの長い船旅

東京・立川市の国立極地研究所で入念な準備を行い、飛行機での移動、3週間の船旅を経て、12月24日に昭和基地に到着。そこから私たちの任務が始まります。

コンテナに荷物を積み込む

極地研究所に準備された空のコンテナ。左端にある白色のコンテナが冷蔵、冷凍用で、30人分×約1年分の食料が詰め込まれます。

「しらせ」に乗り込む

観測隊はオーストラリアまで飛行機で移動し、現地で追加の食糧の積み込みを行います。そしていよいよ船に乗り込み南極へ向かうのです。

船から見たオーロラ

船からはオーロラも見えました。オーロラを撮影するときは、撮影場所がわかるように、建物などの人工物をあえて入れるのがポイント。

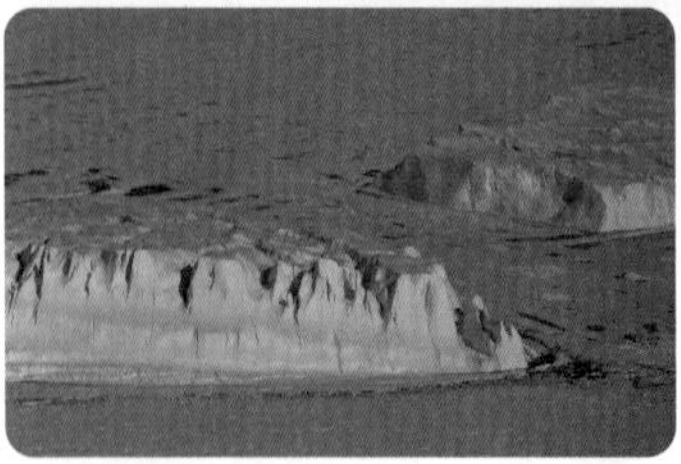

氷山が見えた!

大陸から海へ流れ落ちてきた氷山は、上部が平らになっているのが通常。山のように三角に尖っていて一面が黒くなっているのは、風や波などで削られて傾いてしまったもの。

氷を割って進む「しらせ」

防衛省の名称では「砕氷艦しらせ」というように、氷を割って前に進みます。これをラミング航行といい、割っては後退し、また全速前進して厚い氷を砕いていくのです。

クレーンで物資を降ろす

氷が厚く、陸に接岸することはできないため、海氷にアンカーを打って物資を降ろし、雪上車で昭和基地まで運びます。燃料もパイプをつないでここから直接送ります。

ヘリから見た昭和基地　左が昭和基地の主要部、右はヘリポートです。

昭和基地とその周辺の名所

昭和基地や基地周辺にはさまざまな名所があります。過去の隊員たちが手作りしたユニークな標識などもあり、訪れる人を喜ばせています。

1 2011年、52次隊員によって作られた方向指示板。東京までは14000㎞。

2 地学上の基準となるポイント。このような基準点がさまざまな場所に存在する。

3 1957年1月29日、第1次隊が上陸したポイント。昭和基地がある東オングル島ではなく、西オングル島にある。

4 動物注意の標識はなんとペンギン。

5 国道ならぬ、極道13号。ペンギンの標識とともに、高田十三さんという方が整備した、通称「高田街道」に位置する。

南極の動物たち

南極の動物といえば、ペンギンとアザラシ。昭和基地周辺で見ることができるペンギンは、コウテイペンギンとアデリーペンギンの２種類です。

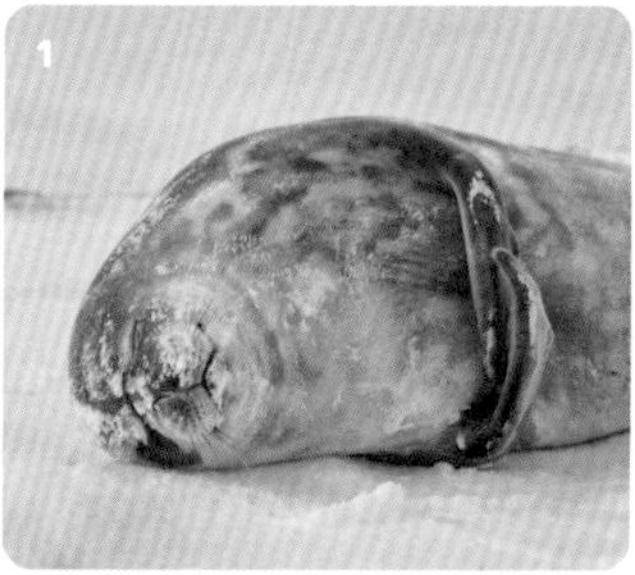

1 昭和基地周辺では、ウェッデルアザラシという種類が見られる。環境保護条約によって半径15m以内には近づけない！

2 世界最大のコウテイペンギンはさすがに凛々しくてカッコいい。

3 たまに基地の近くに迷い込んでくるペンギンも。

4 昭和基地ではおなじみのアデリーペンギン。複数のルッカリー（営巣地）が点在していて、11月～翌３月の子育て期間には、卵やヒナを温める姿も見られる。

南極の地形

南極は一年中雪に覆われているかといえばそうではなく、季節によっては地面がむき出しになっていることもあります。南極ならではの地形をご紹介しましょう。

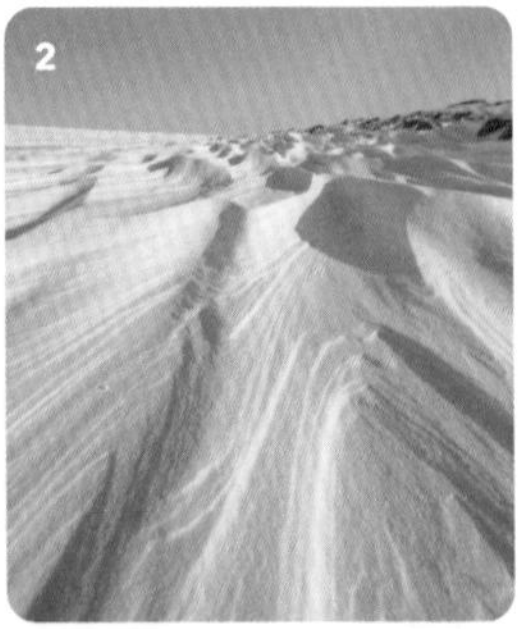

1 南極では、岩肌がつるつるの場所をよく見かける。赤茶っぽい色も特徴的。

2 強いカタバ風によって雪が削られてギザギザになった、サスツルギという地形。やわらかい雪ではなくとてもかたい氷なので、ここを雪上車で通るのはひと苦労。

3 昭和基地から70kmほど南下した沿岸部にあるスカーレンという地。地層のように見えるのは、氷河が流れた後の模様。

4 蜂の巣岩という不思議な模様の岩。岩にしみ込んだ水が蒸発するときに新たな鉱物が作られ、長い年月をかけて元の岩を崩すことで生まれる。

南極の気象

満天の星空やオーロラなど、南極ではさまざまな空模様を観察することができます。一部分ですが、色とりどりに光る美しい空の移り変わりをご紹介します。

1

2

3

4

1 南極や北極で見られる「極域成層圏雲」という特殊な雲。高度20～30kmの成層圏に現れ、太陽光が反射した赤紫色のグラデーションが美しい。これを研究するために南極に来たという隊員も。

2 オーロラは地上100kmより高い場所で発生し、緑のほか、赤や白、ピンク、青色もある。夜にしか見られないので、夜が長い季節のほうが確率は高い。

3 太陽を中心に起こる現象。太陽のように見える「幻日」、周囲の光の輪は「ハロ」、上下に見える虹のような光は「タンジェントアーク」。

4 雲が虹色に色づく「彩雲」と呼ばれる雲。南極に限らないが、見ると縁起がよいともいわれている。

昭和基地の設備案内

基地の周辺には、観測に必要な設備がたくさんあり、専門の隊員たちが計測に携わっています。その中のごく一部ですが、ご紹介したいと思います。

1

2

3

1 高度500kmまでの風を観測するアンテナで、PANSY（パンジー）レーダーと呼ばれている。

2 昭和基地には衛星や天体からの電波を捉えるための大きなパラボラアンテナがあり、強風やブリザードから守るためにドーム内に格納されている。

3 左側に見えるのが貯油タンクで、手前の配管を通って移送される。もう1か所、別のタンクもあり、「しらせ」からドラム缶3000本分がホースをつないで直接送られる。

第 3 章

南極到着から最初の数か月、驚きの日々

昭和基地は白銀の世界ではなかった

「昭和基地に着いた瞬間、どうでしたか？」

この質問にはどう答えるのがいいのか、いつも悩ましい。期待が大きかった割には、あまりにあっけなかったからです。

12月6日に南極観測船「しらせ」に乗り込み、オーストラリアのフリーマントルを出港してから昭和基地入りしたのが約3週間後の12月24日でした。昭和基地は南極大陸にあると思っている人は多いと思いますが、実は4キロ離れた東オングル島という小さな島にあります。南極には港がないため、船を岸につけること(接岸)ができません。それで、かなり離れた氷上にいる時点で、荷物輸送用のヘリコプターに20人くらいずつ乗せられて基地に向かうのです。

せっかくなら昭和基地を上空から眺め、思いをかみしめながら地上に降りたいところでしたが、気がついたときには基地のヘリポートにランディング。感慨に浸っている余裕もないままに、慌ててヘリから降りる始末。

そしてそこは想像していたような白銀の世界ではありませんでした。季節が夏とあって雪も解け、地面の岩盤はむき出しになり、まるで特撮の撮影現場のよう。「これが南極？」っていう感じで、まあとにかく風情はないんです。本当は記念写真の1枚くらい撮りたかったけれど、ぼやぼやしてはいられませんでした。すぐに荷物運びが始まったからです。

ただ、出迎えてくれた隊員たちの、あちこちガムテープで補修されて年季の入った防寒着と日焼けした頬、自信に満ちた笑顔には圧倒されました。食料補給もない中、1年以上南極に暮らすとはこういうことなのか。私はこれから始まる1年を乗り切れるだろうか。1年後の自分はどうなっているのだろうか。

「しらせ」は、その後数日かけて氷を砕きながら進んで氷上にアンカーを打ち、船のタンクと基地のタンクが届く距離にパイプをつなげて固定させます。船から基地へ1年分の燃料を送るという大切な任務を遂行するために。

2月1日の越冬交代式までは、調理は休業

南極の夏は白夜と呼ばれ、24時間太陽が昇ったままです。私たちが到着したのはちょうど白夜の始まりの頃。クリスマスから約2か月の間、隊員たちは交代しながら24時間体制で働きます。

少しややこしいのですが、到着後すぐに交代するわけではありません。2月1日の越冬交代式までは「前次隊」と「次隊」、さらには海上自衛隊員が支援で入ってくれるため、この時期の昭和基地周辺の人口は250人超に膨れ上がります。私たちは昭和基地の主要部ではなく、第一、第二夏期隊員宿舎（通称いちなつ＆になつ）に滞在。そして貴重な雪解けの季節にしかできない山ほどの土木作業に従事するのです。精神的なこと以上に体力的に大変な時間でした。

調理隊員の本業である食事作りも、越冬交代式後からの開始。それまでは海上自衛隊の給養員にお世話になります。海上自衛隊員と私たち新隊員で100名以上の大所帯なので、食事もなんと2回転。土木作業の合間に調理サポートを行っていました。

バケツリレーで食材を倉庫に入れる

並行して、「しらせ」に積んできた食料を倉庫に移す作業も行いました。

冷蔵、冷凍、常温の3種類のコンテナが、フォークリフトや雪上車でけん引されて倉庫の前に運ばれてきますが、そのまま建物に入るわけではないので、手の空いている隊員総出のバケツリレーで、中身を冷凍室や冷蔵室まで運び込みます。私は冷蔵室内に待機し、無線を使って詰め方の指示をする立場です。

例えば、底にはお米、上に乾物や菓子類といった軽いものを詰めた常温コンテナの場合なら、「お米はだいたいこのあたり、乾物はこのあたり、お菓子はここ、調味料はここ」と大まかに解体して運び入れます。肉はすべて冷凍品なので専用の置き場所を決めました。他の素材と分かれているほうが使いやすいからです。そうして種類別、加工品別に保管します。冷蔵室は、野菜ありお酒ありお菓子ありの状態でした。

事前に設計図を見ながら収納場所や段取りを考えていたものの、現場に行ってみると棚が移動されていて思う通りにいかなかったりして、結局、通路にも食材が積まれることに。私と相方さん2人しかいないために整理も難しく、当分そのままの状態でした。

冷凍室が3か所、冷蔵室が1か所、常温室は数か所に分散されているため、振り分けが大変で、丸2日は要しましたが、経験者の相方さんが前任者と調整しながら決めていきました。というのも、この時点では前の隊の食料も残っているため、交ざらないよう区分けが重要なのです。保管場所は前年と同じ場所のものもあれば、自分たちの動線に合わせて移動させるものもありました。

南極の食事ルール

南極での生活は、あらゆる面で日本と同じようにはいきません。調理隊員としての日々の食事作りに関わる前に、まず、食事のルールからして違うことを知りました。生きたお手本になってくれたのは、南極経験者の隊員たちでした。

朝食では、ご飯、みそ汁、おかずとビュッフェ形式で好きに取れるよう、用途に合わせて3種類くらいのお皿を用意していました。私は普通のホテルの朝食のように皿を使い分けて食べようとしていたのですが、経験者の隊員を見ると、なんとどんぶり1個で済ませています。まず、どんぶりにご飯をよそい、その上に食べたいおかずをきれいに並べる。食べ終えると、お茶事の懐石料理や僧侶が応量器を扱うかのごとくに、どんぶりにみそ汁を注いで器をきれいにしていました。

食事を終えると、自分の食器を予洗いします。バケツの中に薄い洗剤液とブラシが入っていて、食器の表面を拭うように汚れを落とします。すると当番のチームがもう一度予洗いをして食洗器にかける。最後に拭いて食器棚に戻すという流れです。基地の外で食事をするときは、食べたら「ウエス」と呼ばれる小さな紙や布の端切れで拭くだけ。「ウエス」は、一般には布の端切れを使うことが多いものですが、南極ではペーパータオルも使っていました。天気が悪く、外での作業ができない日は、3～4枚重ねのペーパータオルをひたすら剥がします。剥がしたものをたたみ直して積み重ねるのですが、地味でなかなかしんどい作業。そうすると1枚をいかに大切に使い切るか、どのくらいの量が必要なのか、感覚として次第に身についていきます。

ここまで南極滞在中の日々のマナーについてお話ししてきましたが、実はこれらは強制されることはありませんでした。ただでさえ生活のそこかしこに制約があります。さらには交代できない仕事を抱えている人もいます。そこに生活の強制があるとストレスになってしまうからです。それでも、それぞれの隊員を見ていると、できる範囲が徐々に、そして無理なく広がっていくように感じました。それぞれができる範囲で環境に配慮した生活をする。毎回どんぶりで食べなくてもいい、時には豪華に盛り付けてみる。それももちろん個人に任されているのです。ただ、人によっては器をいくつも使ったり、お風呂で湯をたくさん使ったりといったことも。そうすると「お前な～」って優しく指導が入る場合もありますけどね。

2月1日午前に越冬交代式。やっと調理業務開始

到着日から慌ただしい年の瀬の日々を駆け抜け、かんかん照りの白夜のお正月が過ぎると新年のスタートです。1月も後半になると次第に暗い時間帯が増え、夜を感じるようになってきます。南極で季節の移ろいを感じられるなんてサイコーの気分。そんなふうに楽しめる余裕はもちろんないままでしたが……。いよいよ越冬交代式を迎えます。

交代式は午前中にあるのですが、前任者たちが朝ご飯を作っているので、それが終わるまでは厨房に入れません。「いいですよ」って声をかけてもらって、そこから数時間後の昼食を仕込まなければなりません。もちろん式典も控えているので怒濤《どとう》の昼食準備をしました。

献立は考えていませんでしたが、「初日だから僕が仕切りますよ」と言って相方さんが作ってくれたのが、うな丼と引っ越しそば。うなぎは真空パックを温めるだけで、あとはご飯を炊けばいい。そばはゆでればいいので仕込みいらずでした。

相方さんの提案で、1週間交代のシフトを決めました。

Aが9食、Bが11食（日曜日は朝昼兼用）。ともに丸2日担当する日がある代わりに2日連続で休める形で、それを1週間交代。以前の経験を生かしているとのことでした。

相方さんと私のシフト表

	月	火	水	木	金	土	日
朝	A	A	A	A	A	B	X
昼	B	B	B	A	A	B	B
夜	B	B	B	A	A	B	B

A ＝ 9食　　B ＝ 11食

また、基本的に調理はひとりで引き受けます。イベント時も同様です。「2人でやってしまうと休めないでしょう。料理以外のことができずに1年が終わってしまうよ」。なるほど、相方さんの言葉に納得です。

観測隊の仕事は、担当以外の業務の強制は特になく、極論を言えば休みの日には部屋から出ずに寝ていても構いません。ただ実際は、仕事で困っている人のサポートをしないと回らない状況がほとんどでした。調理隊員とドクターは2名ずつですが、観測のための研究チームや、発電機、制御盤、車両、ごみ処理、事務方といったインフラ業務は、すべてひとりで担当しているからです。

でも、このシフトのおかげで、休みの日には冷蔵室や冷凍室の掃除をしてもよく、完全に休んでもよく、ほかの人の仕事を手伝ってもいい。自由が増えた感覚でした。

休みの日に倉庫に籠もって整理ができたせいか、どこに何の食材があるかも1か月ほどで把握できるようになってきました。数ではなく感覚で総量を覚えていましたが、リストではなく、何度も何度も入れ替えたり寄せたりして物理的な量を目で確認していたことが大きかったと思います。

同時に、相方さんが2連休をつくったのは頭の整理をするためであることに気がつきました。おかげで週に一度リセットできる。経験者ゆえの判断でした。

厨房の動線の感覚も同ペースで整ってきました。無駄に広く小回りもきかないので、自分がどの辺にいてどう進めていけばよいのかよく見えていませんでしたが、棚などの造作物は建築担当にお願いして作ってもらい、自分なりに慣れていきました。

相方さんとの絶妙な相性。日々の献立づくり

実は私たちは、それぞれ1日分しかメニューを決めずに南極にやってきました。その1日とは6月のミッドウインターフェスティバル（110ページ）。相方さんはフレンチ、私は和食が専門ですが、それぞれの分野のフルコースを作ります。その日だけは普段使

いできない食材を使うので、仕入れの時点でメニューを決めておく必要があるのです。私は「水無月の献立」ということで鮎の塩焼き、相方さんは鴨肉やオマール海老の料理の材料を持参しましたが、何かの拍子に使ってしまっては大変なので、「手をつけてはいけないコーナー」を設けて取り分けていました。そして、この2日間以外は相方さんの推奨通り、出たとこ勝負でいくつもりでした。

次第に、相方さんがメニューに固執しない理由がわかってきました。というのも、最初の数か月間は倉庫の通路に段ボール山脈があるような状態が続くので、目の前のものから消費していくよりほかない。メニューを決めたくても決められないのです。

大まかにどこに何があるかの把握はしているのですが、じゃあ「今、豚バラ肉出せる？」と言われたらすぐには無理。それより、手前に鶏肉の箱があった。「じゃあ今日はから揚げ！」とするほうが話が早いのです。そうして、日々少しずつ食材の山を消費しながら整理しつつ、全体を把握していきました。

早めに消費したほうがよい食材や余剰がわかってくると、それらの材料から献立を考えました。平均的に食材を使っていくような感じでしょうか。今は豊富に食糧があるとはいえ、アイテムを使い切ってしまったら追加はないわけです。そう思うと恐怖でした。

献立に関しては、私は前日の夕方までに、相方さんは1週間単位で考えていました。

食材を解凍する作業と時間が必要なためです。内容のすり合わせはしたことがありませんでした。一度、あなごづくしの献立を考えていたら、相方さんもあなご料理を作っていたことがあり、メニュー変更はその一度きり。うまくいっていたのが不思議です。

私は仕事で飲食業に携わりつつ、子育ても家事も行ういわゆるマルチタスクで暮らしてきたので、職人としてのモードも主婦としてのモードも経験していました。南極では、「仕事としての料理」と「家族のための家庭料理」、両方の視点で調理をしていたように思います。仕事としての調理はどちらかといえば非日常で、特別な感じの料理や手の込んだ料理や、完成された料理が多いです。一方、家庭料理は「これがないと作れない」ということはなく、毎日繰り返し食べても飽きなくて、素朴で、肩の力の抜けた料理が中心です。

調理師学校の賄いを作っていた時代には、メニューから考えて食材を発注していましたが、家庭ではメニュー名から材料集めをするのではなく、冷蔵庫の中にある素材を見てメニューを考えます。南極の食事作りは、倉庫にある材料でメニューを考えなくてはならないので、そこは家庭料理に近いものがありました。でも、多くの隊員の方の好みや状況を考えながら調理する部分や、量が大量であるところは賄いの感覚に近いものがありました。両方の感覚を行ったり来たり。これは面白い発見でした。

相方さんはシェフですので、お互いのスタンスを尊重しながら、押し付けたり要求したりすることはせず、それぞれがよいペースで仕事に集中できるのがベストなのだと気づきました。彼の調理の姿勢にはさまざまな影響を受けました。私たちの仕事は、平たくいってしまえば料理を作ることですが、タイミングに合わせてどういう食事を出せばよいか、どのような食材が残っていればよいかなどを考えなくてはなりません。経験値もありますが、相方さんの先々のことまで想像する力に驚くことが多かったです。

日本で準備作業をしている頃の相方さんと隊員とのやりとりをふと思い出しました。南極の水は日本で飲んでいる水道水よりもきれいなのにもかかわらず、それでもペットボトルの水や、炭酸水を持っていきたいなどさまざまな要望があり、そのときに「きれいな水が向こうにあるのに、あえて持っていく意味がわからない」と言って、そこにお金をかける意味のなさをはっきり指摘していたのでした。烏龍茶が欲しいという方に対しても、ペットボトルではなく、茶葉そのものや濃縮の液体を薄めたほうがごみが出ないと説明をする。当たり前のことのようでいて、こういった小さな想像力さえも、日本にいた頃の私たちからは失われていることが多かったと思います。そういった判断の結果、ごみも出ない、重くない、荷物にならない形に落ち着きました。南極では何が求められ、何が必要で有効かということを、相方さんはよくわかっていました。

南極のご飯サイクル

南極の日常ご飯のサイクルは、1~2か月目に入った頃から整ってきました。朝食は基本的にビュッフェです。これはビジネスホテルの朝食に近い感じのもので、ご飯、みそ汁、漬物、焼き魚。目玉焼きやスクランブルエッグ、ベーコン、ソーセージ、ハム、そんな感じのものをテーブルに並べるスタイルでした。

隊員が毎朝食べていたのは、フジパンが南極1次隊のために開発したという冷凍パン。毎年メーカーさんから寄贈されているものでした。

常温で解凍して発酵させ、膨らんだら焼くのですが、基地の室内は日本と変わらず暖かく保たれているとはいえ、発酵に適した温度(約30度)ほど高くはありません。南極では発酵スピードが遅いので、前の晩に冷凍室から出して寝ると翌朝ちょうどよく発酵して、焼きたてのおいしいパンが食べられましたが、これは相方さんならではのワザ。実は、前回の滞在時に、約6時間おくとちょうどよく発酵することを発見したのだそうです。本当に、ゆるい天然酵母のような発酵の感覚でしょうか。日本でこんなに放置したら過発酵で一度膨れてぺしゃんとなるはずです。この方法は前次隊の人も知らなくて、相方さんが焼いたパンを食べたら、なぜこんなにやわらかく焼けるのかと驚いていました。その後もこの方法が、調理隊員に引き継がれているとよいのですが……。

夜勤の方などもいらっしゃるので、日常的に朝食を食べにくる人は半分程度の割合でした。昼食はサッと済ませて休憩が取れるようにと、麺類やどんぶりものを中心にしました。毎週金曜日の昼はカレーの日で、余った煮汁や食材の消費に重宝するメニューでした。

調理隊員が個性を発揮できるのは夕食でした。相方さんにはポリシーがあって、それは「南極で普通に料理を提供していたら、みんなの記憶には残らない。南極だからといって質素ではなく、量もたっぷりでインパクトのある料理を食べてもらいたい」というもの。そう、私からするとデカ盛り。ちょっとだけ「ハレの日」の料理に近いような盛り盛りの洋食も多くて。おもしろいのが、彼自身は自分が作った料理は食べず、食べているみんなの様子を見守りながら、おしゃべりをするだけ。仕事が片付いた夜中にひとり、厨房でカップラーメンをすすっている姿を時々見かけました。そんな感じの方でした。

それを日々見ているうちに、ならば私は「ケの日の料理」を担当しようと思いました。そこで考えたのが、「夜の朝定食」(145ページ)と呼んでいたものです。朝は食べない方もいるので、普通の旅館の朝ご飯のような食事を夕食にするのも意外とよいのではないかという発想です。焼き魚、みそ汁、ご飯、小鉢、冷ややっこ、焼きのりといった、理想の朝ご飯のような内容でした。

定番化したいと思ったきっかけは、普段は朝ご飯を食べない隊員の方から、「こういう飯っていいよね！」と言ってもらえたことでした。毎日のことで食材も限られていましたが、食べることでモチベーションにつながるなら、料理人としてこれ以上にうれしいことはないのです。

もともと、誰かの意見を反映したというより、自分が食べたいものを作ろうと思って始めたものでしたので、私自身にストレスはなかったですね。でも、味は自分の基準には合わせませんでした。北は北海道、南は鹿児島や沖縄の方までいらっしゃいましたので。

とはいえ、南極のような過酷な環境において、定食のような料理だけでテンションをキープするのは難しいのです。朝昼晩3食のほかに、おやつ、夜食、月に一度の誕生日会の食事、季節のイベント食などが、南極ご飯のバリエーション。相方さんのデカ盛りや、イベントのごちそうなどがあることで、トータルでテンションが保たれる。私はバランスを取るために、あえてメリハリ料理の逆を担当していたように思います。

南極の献立① 朝食ビュッフェ

朝食はビュッフェ形式で、パンやベーコン、スクランブルエッグなどの洋食と、ご飯やみそ汁、漬物、納豆などの和食が並び、好きなものを食べられます。

1 パンは、冷凍パンを6時間常温発酵させて毎朝焼いていた。

2 和食と洋食をそれぞれのテーブルにセッティング。各自、皿に盛って食べる。

3 フレンチトーストとパスタサラダ。

4 手前は仙台麩の卵とじ、奥は熟成カレー。朝食のおかずはなるべく前日の残り物を利用。

南極の献立②
昼ご飯&夜ご飯

昼ご飯はどんぶりものや麺類などのサッと食べられるもの、夜ご飯は定食スタイルでした。金曜日の昼はカレーと決まっていて、土日の夜は鍋ものや鉄板焼きなど、みんなでつつける料理にしていました。

2/8(月)昼食
かまあげうどん、うなぎごはん

2/8(月)夕食
かつおと鰆のたまねぎ煮込み、白菜とツナの煮もの、青じその入ったスペシャルメニュー、豚汁

2/9(火)昼食
ジャージャーメン、点心、わかめスープ

2/9(火)夕食
チキン南蛮、ジャガイモグラタン、玉子スープ

2/10(水)夕食
しょうが焼き、鰻の白焼き、揚げ出汁豆腐、根菜スープ、杏仁豆腐マンゴーのせ

2/12(金)夕食
鯖の塩焼き、南瓜のサラダ、切り干し大根、卵巾着、味噌汁

2/13(土)昼食
中華丼、わかめスープ

農協初出荷

2/14(日)夕食
焼肉と野菜盛、水菜入りサラダ、塩豚スープ

2/15(月)夕食
水炊き

2/16(火)昼食
三色丼、メンチカツ、玉子スープ

2/17(水)昼食
ソース焼ソバ、肉まん、わかめスープ

カレーの日

2/26（金）昼食
チキンカレー、フルーツ、ツナサラダ、玉子、コロッケ、白ご飯 or ターメリック

2/26（金）夕食
ぶたみそいため、グラタン、エビチリ、もやしどっさりあげどうふ

3/1（火）昼食
チャンポンメン &ギョーザ

2/17（水）夕食
ローストビーフのサラダ、野菜スープ、チキンチーズ巻き

2/20（土）夕食
とん（豚）しゃぶしゃぶ、中華とうふ

2/22（月）昼食
冷し中華、チゲ風スープ、愛玉子（オーギョーチ）

カレーの日

3/11（金）昼食

クロカレー、タイカレー、サラダ

3/12（土）昼食

にしんそば、山菜おこわ、
野菜の胡麻酢和え、中間食に草だんご

3/13（日）夕食

かれいのみりん干し、オングルもやしチャンプル、
かに柚子豆腐、細巻き色々&白ごはん、味噌汁

3/2（水）昼食

親子丼、ビビンバ、いも汁、食後のデザート

3/8（火）昼食

海南鶏飯（シンガポールチキンライス）、
浅利とベーコン潮汁、生春巻、ナタデココ

3/10（木）夕食

さんまのひらき、かつ男とタコのサラダ風、
キムチなべ、白いゴハン と チャーハン

カレーの日

3/18(金)昼食

サグカレー、ラムカレー、ナン、フムス、
サラダ、フルーツ、味噌汁

3/19(土)昼食

マーボーラーメン、チャーシューごはん、点心

3/20(日)夕食

鯖の塩焼き、肉じゃが、白身魚の鍋、
かき揚げ、キャベツ、もやしのあえもの

3/14(月)昼食

北海道名物ポセイ丼、Newめん

3/16(水)昼食

オムライス ハヤシソース、ツナサラダ、
ワカメスープ

3/16(水)夕食

ハンバーグ、フローレンスとアメリカンビーフ、
だいこんのスープ

3/25(金)夕食
サイコロステーキ、オングルファーム
もやしぞえ、サーモンとコンビーフサラダ、
牛すじスープ、ベーコン＆アスパラスパ

3/26(土)夕食
参鶏湯、チヂミ、ナムル、キムチと牛肉の
炒め物

3/28(月)昼食
あんかけかた焼きそば、点心、わかめスープ

3/21(月)昼食
秋刀魚の蒲焼丼、玉葱と肉団子のスープ、
白菜と昆布の当座漬、開口笑&春巻

3/21(月)夕食
鶏手羽ときのこの煮込み、春野菜と湯葉の
炊き合わせ、〆鯖酢味噌和え、かにボール
スープ

3/23(水)昼食
浅利汁そば、海草サラダ、オングルファーム
スプラウト、もち米しゅうまい

3/30（水）夕食
ミックスフライ、カレードリア、白菜スープ

3/31（木）昼食
ほうとう、梅とジャコのチャーハン、
切干大根、わらびもち

3/31（木）夕食
鰤のマスタード焼き、カニクリームコロッケ、
山菜の白あえ、豆乳ゴマスープ、米

3/28（月）夕食
チキンソテーチリソース、玉子炒め、
ゴボウサラダ、ウザク

3/29（火）昼食
牛丼、きしめん

3/29（火）夕食
シルバー（って魚の）しょう油焼、天婦羅
盛合せ、まぐろといかの山かけ、煮物

第 4 章

南極生活にも慣れて、余裕が出てきた頃

3か月を過ぎると、お互いどんな性格かわかってくる

ブリザードがひどくて、今日は外作業が難しそう。そんな日には、暇を持て余した人たちがわらわらと食堂にやってきます。

「今日のご飯、何？」

聞くことは皆一緒で子供のようです。そうして、食事の時刻になる30分以上前から、まだかまだかと無言の圧がかかり始めます。

厨房で仕込みをしていると「この間のアレ、おいしかったので作り方教えてください」と言ってくる人もいれば、スーッと入って来て何げなく手伝ってくれる人、ただ厨房の入り口にいてくだらないおしゃべりを続けてくる人もいます。一度、切羽詰まっているときにずっと話しかけてきた人がいて、「ちょっと厨房から出てって！」と思わず言ってしまったことがありました。そうしたらあとから、「渡貫と誰々の軋轢《あつれき》」ってうわさ話が広まって……。

そう、言ってしまえば1クラス30人の生徒が1年間、学校の校舎の中で生活するようなものでしょうか。校庭までは出られるけれども敷地内からは出られない。それが昭和基地の生活だと思います。だから、最初はみんな品行方正で繕っているのですが、3か

月くらいたつと繕い切れない本性が見えてくる。半年を過ぎる頃には、それこそ軋轢がいろいろ。あの人とは長時間いられないとか、あの人はみんなに隠れて部屋にお菓子をため込んでいるとか。

基地から一度飛び出してみたかった

基地の暮らしにも少しずつ慣れてきて、「このまま、ずっと基地の中だけで終わっちゃうのかしら？」、そう感じていた頃、南極大陸の沿岸にある長頭山という場所に日帰りで行く計画が立てられました。当日は相方さんに当番を代わってもらい、いざ出発。けれども雪上車の不具合で、基地に戻ることになってしまったのでした。

私のチームのメンバーは断念するしかなく、数日後に別チームでの出発予定が組まれました。すると、私の名前があるではありませんか。

隊長の話では、相方さんが譲ってくれたそうなのです。うれしくてうれしくてお礼を言うと、「渡貫さん行っておいでよ。俺は前に一回行ってるから十分だよ」。無器用な優しさがたまらなく、このときばかりは涙があふれて止まりませんでした。

私たちの年は、海の氷が割れてしまったためになかなか野外活動が行えず、このときは本当に貴重な機会でした。でも南極は、一歩外に出て歩くのにも危機管理が必要です。どこが割れているか、どこに穴が開いているか。

こんな話があります。アザラシが海氷の上で寝ています。環境保護条約で15メートル以内には近づけないとはいえ、少しでも近くで見たい。しかしアザラシの周りは危険に溢れています。海が凍っているのに氷上にいるということは、穴を開けて出てきているということです。つまり、アザラシの周りには必ずどこかに穴があるはず。アザラシに近づく前には必ず安全の確認をしなくてはならないのです。

南極ではごみを出してはならない、というルールはどこまで本当？

食事の際の暗黙の南極マナーについては前章でお話ししましたが、ごみについてはどう向き合っていたのか。調理隊員の目を通してお話ししたいと思います。

まず、そもそもごみはすべて日本に持ち帰らなければならないという現実です。もちろん事前の講習などでわかってはいたのですが、知っているのと実際にやるのは別の話。直面してみて初めて気がつく大変さ。日本では、ごみは分別して集積場に持っていけばそれで終わりと思っていた私自身、ごみを考える大きなきっかけになりました。

　そして、ごみ箱は、広い基地内において食堂とお風呂場にしか設置されていません。分類としては「燃えるごみ」と「燃えないごみ」で、これは日本の一般家庭の分別と同じですが、一番難しかったのは「生ごみ」の考え方。「生ごみ」の中に液体も含まれるのです。

　固形の「生ごみ」は日本と同じですが、ラーメンのスープやどんぶりの底に残っている煮汁の残りなど、チャポチャポした水分は、ほぼ「液体生ごみ」になります。隊員たちは食事が終わるたび、食器に残った「液体生ごみ」と「生ごみ」をまず分別してから食器の油分を拭い、すすがなくてはなりません。

「生ごみ」は水分が多いので、固形でも液体でも、生ごみ処理機という機械にかけて乾燥させて、重さも体積も減らしてから焼却炉で灰にします。「液体生ごみ」は生ごみ処理機にかけると時間がかかるので、なるべく少量にする必要がありますし、例えば、すいかのようなものは一般的な「生ごみ」ではありますが、水分が多いので十分乾燥させてからしか燃やすことはできません。こうして、灰をドラム缶に詰めて蓄積し、やっと日本に持ち帰る状態にできるのです。

「燃えないごみ」は、とにかく量（かさ）を減らします。ビンなどのガラス類は破砕、缶はぺったんこにプレス。中身を飲み終わったら、ゆすいで各自がプレスするといった具合に、ごみの最終形態をイメージして捨てるのが当たり前なのです。

ごみは当直が毎日回収し、集積所で30品目くらいに分別後、種類別に重さを量ることになっていました。日本酒の栓やビン入り調味料のようなプラとアルミが接着されているものは、「複合」というジャンルに分別していました。また、個人が大量のごみを出したときは、直接集積所へ持っていって各自が分別するのが決まりでした。自分が出したごみは自分で捨てにいきましょうということです。そうして、プラも段ボールもビニールもすべてギュッとコンパクトにまとめ、日本へ持ち帰るのです。

南極でごみについて「我がこと」と捉えられるようになったのは、たったひとりのごみの担当者がすべてのごみを処理する姿を間近に見ていたことも大きな理由でした。彼には交代要員もおらず、来る日も来る日も基地に張りついて従事しているのでした。

恥ずかしながら、日本にいるときの私は、ごみの回収後のことまでは深く考えていませんでした。でも、ごみが減れば担当者である彼の仕事も減ります。処理するための費用も然りです。捨てたら終わりではなく自分ができるところはやる。隊員みんなの姿勢も変化していくのを感じました。

調理隊員から大量に出るごみは、食材を梱包していた段ボールです。数か月たつと食材が減ってくるため、段ボール箱から出して保管します。このときはものすごい量の段ボールが発生するため、担当者とはコミュニケーションを密に取っていました。事前に伝えないと急に仕事が増え、ほかの仕事が回らなくなるからです。機械でプレスして、縛ってコンテナに入れますが、仕事はほかにもたくさんあるのでひと声かけておくだけで違うのです。

食材そのものの話で言えば、南極ではそもそも過剰除去はありません。生野菜の皮などはごみになりますが、冷凍野菜は基本的にはそのまま使えます。ただ、どうしても傷んでしまった食材は直接廃棄という形で処分せざるをえませんでした。

相方さんとは、「直接廃棄はとにかくやめよう。一回みんなに食べてもらえるような状態にして、それで残ったら仕方がない」という話をしてはいました。直接廃棄したのは、私たちが持っていった食材ではなく、5年分の備蓄品で缶が腐食していたケースなど、どうしても防げなかった部分でした。

氷を溶かして作る南極の水。使用後は汚水処理して海へ

南極で使用する水は雪や氷を水槽に入れ、機械で溶かして作ります。原料はいくらで

も現地にありますが、水にするには燃料も必要ですし、労力も伴います。蛇口をひねれば普通に水が出るので、日本と同じように水が使えるように錯覚しますが、機械の問題などもあって、使える水も限りがあるのです。

水は2種類を使い分けていて、料理をはじめ、日常私たちが直接飲むのが「上水」。洗濯、掃除、トイレなどに使うのが「中水」。これは塩分を取り除いていない状態の水ですので、洗濯に使うと白いTシャツがだんだん黄色くなっていきます。お風呂に入るときも少しでも水を節約できるように、入り方にもルールがあります。

蛇口から水が出てくるということは、もちろん使ったあとは排水になります。排水は最終的に汚水処理タンクに行き着きます。ここには日本の汚水処理設備と同様のシステムの小型版が設置されていて、適切に処理されます。汚水処理は、水の汚染を示す環境指標であるCODやBODの値（生物が水中にある有機物を分解するのに必要な酸素の量）をどう下げるかにかかっています。日本では、ラーメンの汁はシンクに流せますが、それは対応可能な汚水処理場の設備があるからであって、南極では設備自体の限界がありますす。負荷の高い油ものを流すと、その分ごみ処理担当者の仕事量を増やすことになってしまいます。汚染を示す値には環境基準や排水基準などいくつかの基準がありますが、基準値をクリアしないと水を排出することができないのです。

残りご飯をためて作るチャーハン。相方さんのリメイク料理

南極のごみ処理の現場を目の当たりにするにつれ、「生ごみをポジティブに減らしたい」、「流せない液体ごみをなんとかしたい」と真剣に考えるようになりました。

残ったお惣菜や煮汁などを別の料理に活用して、ごみの総量を減らしたいと思いましたが、料理の作り替えは、当初やってよいものかどうかわかりませんでした。引き継ぎの際にも申し送りはなく、最初にきっかけをくれたのは相方さんでした。

二次利用という行為は、家庭では当たり前のことかもしれませんが、飲食店では禁止行為です。調理師としてたたき込まれるのも、「食中毒を出してはいけない」、「火事を起こしてはいけない」といったことが最重要事項。私の職業は料理人ですので、やはり躊《ちゅう》躇《ちょ》してしまいます。でも何より南極では、それ以上に環境の優先順位のほうが上です。また、南極の気候は日本の高温多湿の環境とは違うため、健康被害を及ぼす腐敗が起こりにくいことを、相方さんは経験からもよくわかっていました。

私の場合は白いご飯が残ると、その日の残り物を混ぜて夜食のおにぎりにし、すぐに消費してしまっていました。でも相方さんは、バットがいっぱいになるまで残ったご飯をためていました。それも、厨房から離れた食材の冷蔵室に。「いつ使うんだろう？」と

思っていると、そのバットがいっぱいになるタイミングで、満を持してチャーハンを作り始めるのです。

南極の冷蔵庫は日本と同じものですが、家庭の冷蔵庫と違って温度変化は少ないです。家庭は開閉頻度が高く、すぐに温度が変わりやすいですが、南極では「冷蔵室」なので、温度変化も少なく、日もちしたのだと思います。

食器に残った汁はさすがに再利用せずに廃棄しますが、鍋に残った汁は活用していました。ラーメンなどの汁は、飲む人飲まない人がだんだんわかるようになるので、盛り付けるときに人によって加減し、「汁なし担々麺」のようにして食べ切れる量をよそう工夫も、ゴミ減らし対策のひとつでした。

前章でも触れましたが、食事の基本ローテーションとして、朝はビュッフェ、昼はどんぶりものや麺、夜は定食と決めていました。朝食はともかく、昼、夜は誰がどれだけ食べるかがわからないので多めに作ります。すると、昼と夜は何かしら少しずつ残る。そこで、翌日の朝食は、前日の昼と夜に余ったものを活用してリメイクし、おかずの一品として並べるのです。例えば、前日の冷やし中華のトッピングで余った分があったとすると、これを春雨サラダにアレンジするなどして、翌朝で食べ切るのが理想。

どうしても朝食で残ったものなどは、「ケークサレ」（１４７ページ）という、中に惣菜類を入れて焼く甘くないケーキにすると、静かに喜ばれていました。スライスして置いておくと、10時を過ぎたあたりから、小腹を満たしたい人たちが現れるのです。

食堂にはカウンターテーブルがあって、飲料スペースの横におやつコーナーを設けました。そこに朝食で余ったパンやケークサレなどを置いておくと、朝ご飯を食べそこねた人なんかがすーっとやってきて、もぐもぐって食べて、すーっと去っていく。最終的には売り切れです。時々煮干しなども置いておいたりしましたが、意外と喜んで食べてもらえる。とにかく減らしたいもの、全員分には足りないものを置いておくと、食べたい人が食べていくのです。

個人的には、そこで食べている姿に個性が出るのがすごくおもしろくて。こぼしたくないからごみ箱の上で食べている人もいて、そんな姿に密かに微笑んでいました。

隊員から、「悪魔のおにぎり」(147ページ)と命名されたメニューもありました。これは、天ぷらうどんの際に残った天かすのリメイクで、天丼のたれのようなものでご飯に味をつけ、青さのりも混ぜて握ったものでした。健康やカロリーは無考慮。しかも深夜にしか出てこない。けれども病みつきになる、ということでいつしかこう呼ばれるようになりました。

リメイクは3回まで。最後はみんなカレーに入れて

リメイクは、衛生面の観点から3回を限度にしていました。大きく分けて考え方は2つ。余ったものを素材別にしてそれぞれを活用する方法と、余ったものを合わせて惣菜にする方法です。

うどんなら、まず残った煮汁で煮物を作り、煮物が残ったら刻んで炊き込みご飯、または刻んでケークサレにして終了。鯖のみそ煮などが1切れ余った場合には、金曜日の昼のカレーの具にするといった具合です。福神漬けが浸った汁ひとつとっても流したくないので、これもカレーに入れていました。また、焼き餃子の残りも刻んで細かくして入れると、跡形もなくなじんでくれます。真空機があるので、残ったカレーは真空パックにして冷凍。その後のばしてカレースープに、またはうどんに入れるなど自由自在の調味料にもなり、廃棄ゼロで終了できる素晴らしい料理でした。

私の中の「なるべく捨てたくない、流したくない」という思いは強まる一方でした。生ごみの重さを毎日量って表にしていたことも効果があり、人間の心理として減らしたくなりました。「鍋に入っている液体を見て一瞬立ち止まる」、「どうしてこのおかずだったのにこんなにごみが出ているのだろう」。日々考えることが習慣になりました。

でも、これも急にガラッと変化したわけではなく、じわじわと時間をかけて、南極という環境に合わせた料理スタイルに変化していったように思います。

グリーンルームで野菜不足解消とメンタルヒーリング

水耕栽培は、越冬交代後から徐々に始めましたが、業務外であることから、隊員内に「農協係」というものを設けました。

私たちの主な栽培地は8畳程度のグリーンルームと呼ばれる部屋ですが、環境保護条約の関係上、環境省に申請することによって、場所が使用できます。そこには水耕栽培用の棚が並んでいるのですが、種は自分たちで購入して、同様に環境省への書類申請も行います。こうして許可を得て初めて、栽培を行うことができるのです。

スプラウト系の栽培に関しては、以前の資料を見ていたのである程度の育て方はわかっていても、実際に専門の栽培技術を持っている隊員はいないため、試行錯誤です。もやしだけは、越冬4回目の経験者が以前も作っていたと聞き、1回目はお手本に作ってもらいました。トレイに種をまき、水を入れて育てるのですが、何度も水替えをしなくてはならないため、もっと楽して生産性を上げられないものかと方法を探りました。

結果、バケツに穴を開けて水替えが楽になるようにし、1週間くらいで育てる方法を探りました。ひまわりのスプラウトはとてもおいしかったですね。そのほかにベビーリーフなども栽培しました。貝割れ菜はスポンジに種をまいて上向きに育て、ベビーリーフはスポンジの中に種を1個埋め込んで、双葉が出たらLEDライトの下に置いて育てました。

きゅうりやミニトマトも栽培しましたが、南極の電力は貴重なのに対し、色味が赤いトマトはやはり電力を食うので、遠慮がちに育てるしかありませんでした。実ったのは小粒のものが30個くらい。きゅうりは10センチ程度のものが30本。収穫時期がずれるので、順番にではありますが、1人1本ずつ食べるべきか、スライスしてみんなで食べるべきかで議論も持ち上がりました。結局、丸ごとボリボリかじりたいという意見が多数で、1本ずつ食べました。

業務の合間に世話をしている人が多かったのですが、癒やしを求めてやってくる人も見かけました。椅子に腰掛けて植物を見ていると、やはり何かリラックスできるんですよね。植物って不思議です。夜の歯磨きと植物の世話を同時にしている人もいました。そうそう、グリーンルームの隣が女性の浴室だったのです。お風呂に入っていると、隣でのびのび歌っている声が聞こえてきたりして、笑ってしまったこともありました。

生野菜の食感が恋しい！　キャベツが7か月間もった奇跡

生の野菜が食べられるのは、私たちが料理を作り始めた2月からせいぜい3か月。長くもっても7か月です。残しておきたいと思っても残せないので、とにかく白菜、キャベツから使っていきました。白菜は3か月くらいでなくなりました。じゃがいもは芽が出やすく、にんじんは表面がぬめっとして、これも3か月くらいでリミット。

普段野菜を買うと、同じように保存していても長くもつときと、早く傷むときがありませんか？　実はあれが怖いんです。業者を通じてオーストラリアに発注をかけているだけなので、状態はわからない。何百キロもの野菜を返品交換するのは無理なので、来たものでやるしかない。1か所から仕入れるため、全滅の可能性もなくはない。しかも為替が変わるから、いつのレートで計算されるかで金額が変わってしまう。生野菜は賭けのようなものでした。

キャベツはオーストラリアで仕入れたものでしたが、なんと7か月もちました。日本でいうところの「サラダ食べよう」っていうのは南極ではキャベツのせん切りのことを指すといってもいいくらい。貴重なので、火を通す料理にはなかなか使う勇気が出ませんでした。キャベツをたくさん消費するお好み焼きは、作る事すら怖いと感じましたし

（それで余った青さのりが「悪魔のおにぎり」に入るわけです）、キャベツの芯はいつも汁ものに活用といった具合。

年に何度か、保存状態を少しでもよくするために、調理隊員以外にも声をかけて、冷蔵庫の中でキャベツの掃除をする「キャベツオペレーション」を行いました。面白い表現ですが、要は傷んだ部分を取り除く作業です。5〜6人で冷蔵室の中に座り、段ボール箱を開けると、外側がぬるっとしているもの、茶色く変色しているものなどがあって、そのままにしておくと全滅するので取り除きます。そうして、最初に包んであった野菜用の紙に包み直します。あるとき、中心から花芽がこんなに！というくらい出ているものがあって（148ページ）、皆で大笑い。

キャベツが尽きると、その代わりに相方さんがオニオンスライスを作り始めました。「そのスピードで玉ねぎを使ったらなくなるのでは？」と思っていたら案の定なくなってしまって。玉ねぎは、光が当たらないように箱に目張りをしておいたら1年はもちますが、キャベツのせん切りの代わりも兼ねてしまったことで、10月くらいにはなくなってしまいました。冷凍玉ねぎもありましたが、火を通すとほぼ固形感がなくなります。生の玉ねぎがないと、献立を考えるのがこんなに大変なものなのかと知りました。しかしこのあと登場したのが長いも。おがくずに入った状態で保存していたので1年後でも遜色なくシャクシャク。生の食感を求める気持ちはしばらくは満たされましたが、これもいずれ食べ切りました。

南極で求めていたのは、肉よりも生野菜と魚でした。あじやいわしは油が酸化しやすく、引き継ぎでも、「青背の魚は先に消費」という申し送りがありましたが、冷凍焼けしてしまって油くさくなるので、早めに使わないと廃棄になりかねません。一方、肉はすごい。1年たっても問題なしでした。

肉があれば大丈夫じゃないかと思うかもしれませんが、肉だけの料理って、意外と物足りなかったりします。例えばとんかつ。とんかつにはやっぱりキャベツのせん切りが欲しいんですよ。キャベツがないという理由で、とんかつを作る気になれない。カレーや牛丼も玉ねぎはマスト。野菜抜きで献立を立てるのは、実はとっても難しいんです。

食材が少しずつなくなっていく。歯応えを求めてあれこれ工夫の日々

観測隊の一番のごちそうは、キャベツのせん切りと卵かけご飯といわれます。シャキシャキの食感がこんなにも尊いものだとは、南極に来るまで気がつきませんでしたし、

生卵の偉大さも思い知りました。

卵は8か月間使えましたが、生で食べられるのはもっと前の段階までで、後半は火を通していました。卵もオーストラリアで仕入れたものでしたが、日本のようにサルモネラ菌対策で洗浄されていない分、日もちがするということを知りました。

相方さんと相談して実験をしました。30個だけ別に取っておき、いつまで大丈夫かを試したのです。最後の最後にお菓子係さんがカスタードクリームを作ってシュークリームにしてくれました。

業務用の卵白、卵黄、全卵に分けられた加熱用の冷凍加工品はいくらでもあるのですが、困ったのがゆで卵。ゆで卵は冷凍品はなく、缶詰です。缶に20個くらい入っていてとにかく重いので、あまり持ってこなかったことを後悔しましたが、ほぼおでんになりました。うずらの卵と同じく薄い塩水につかっているので、この塩水はカレーに入れて使い切りましたね。

フルーツは、柑橘系とりんごが3か月くらいでなくなりました。そのあとは、果物は甘いシロップにつかった缶詰か、数種類の冷凍のみ。少しでも食べる選択肢や自由度を高めようといろいろな種類の紙パックのジュースを用意したり、お風呂場の前に冷蔵庫を設置して、風呂上がりのドリンクを楽しめるようにしたり。食堂の一角にもフリードリンクコーナーを設けて、ココアや抹茶オレ、紅茶も5種くらい並べられる場所を建築担当の大工さんに作ってもらい、気分転換が図れるような工夫をしていました。お酒もある意味フリードリンクでしたが、各自自制はされていました。リクエスト通りにノンアルコールや第三のビール、いろんな銘柄をそろえていましたが、意外にもそれ以上にノンアルを飲む人が多かったので、もう少し多めに用意すればよかったなとも。

冷凍野菜は冷凍のまま調理するのが普通ですが、解凍しても遜色ないのはアボカド。炊き込みご飯に入れて加熱しても緑色のままで、これは大きな発見でした。

ほかには、週1回のカレーのときにサラダをつけたくて、焼き野菜はどうだろうと思い試しました。冷凍のまま180度で焼いたら、ブロッコリーのひと粒ひと粒が焦げてしまい、行き着いたのが150度くらいの低温で焼く方法。油もひかずに、オーブンのプレートに並べて焼く。これは、冷凍野菜をゆでるよりはおいしかったです。カリフラワー、アスパラガス、にんじんなど、水分が少なそうで焼けそうなものは全部焼きました。水分を飛ばしてぎゅっとうまみを閉じ込めたかった。最終的には栽培したスプラウトも加えて、焼き野菜のサラダを作っていました。

誕生日会は、季節のイベントも兼ねて大切に祝う

毎月誰かしら誕生日の隊員がいるので、季節のイベントも兼ねて料理を作り、お祝いをしていました。節句があるときは節句、節句がないときは何かしらの季節的なものです。時間の調整が可能な隊員が中心となって企画し、料理の内容も同時に相談していました。

1月はお正月、2月は節分、3月は桃の節句、4月はお花見、5月は端午の節句、6月はミッドウインターフェスティバル（極夜祭）、7月は七夕、9月は重陽の節句（秋のお弁当）、10月はオクトーバーフェスタとハロウィン、12月はクリスマスです。それ以外にも、バレンタインデーやホワイトデー、氷上で流しそうめんなどもやりました。

こちらとしては、月に一度くらい腕を振るって、ゲーム的な要素も持たせようと思うものの、片や時間を拘束されるのを嫌がる人もいて。イベントはメンタルをキープするとかモチベーションの維持にも欠かせない部分がありますが、人間関係のバランスの悩みは尽きませんでした。

桜前線南極編。4月のお花見

「開花発表です。どこどこで本日、桜が開花しました」

3月末のミーティングでのこと。気象庁帰属の隊員の方から、基地から離れた地点での桜の開花を知らせるアナウンスがありました。もちろん南極で桜が咲くはずはないのですが、その後も日本の開花予報と同じように、花見のイベント日から逆算して、昭和基地で桜前線が上がってきているという設定で毎日アナウンスがあり、妄想で気持ちをあおってくれるのです。そうして、昭和基地の主要部に到達するタイミングで、4月の誕生日会も兼ねてのお花見昼食会が開かれたのでした。もちろんブルーシートを敷いて。

下準備も入念でした。まずは当日に向けて、日本から持ってきたピンクの花紙で桜の花を折るところから始まりました。仕事の合間にひたすら折る。通信室に置いてある段ボール箱に入れに行く。建築の担当者が端材で木を作り、花をつけていくんです。

でも何より、開花予報のアナウンスは私の想像を超えてきました。極端に娯楽が少ないので、気持ちを高めるためでしょうか。ちょっと保育園や幼稚園の行事のようでもありますが、お花見弁当を作って食べるだけでは気分が乗らないのがここの暮らしなのかもしれません。

ミッドウインターフェスティバル

ミッドウインター（極夜）とは、太陽が昇らない時季のこと。太陽が水平線（地平線）の下近くまでしか昇らないため、どんなに明るくてもぼわっと光が広がる程度で、夕方のような感覚です。昼間の4時間くらいは薄明るいのでヘッドランプをつけて仕事をする人もいますが、夕方4時には真っ暗。それが1か月半くらい続きます。これで生活のリズムが崩れる方もいましたが、私は太陽の状態とは関係なく規則正しい生活をしていたので体調は大丈夫でした。太陽が沈まず、昼間が続く白夜のほうがつらかったです。

この間は、世界各国の観測隊とグリーティングカードを送り合います。南極大陸上の世界各国の人たちが同じように太陽の出ない時季を過ごしていることを互いに励まし合うのです。かつては、ファックスでグリーティングカードのやりとりをしていたそうですが、今はメールで送付しています。全メンバーのミッドウインターの写真とカードをデータで共有し、南極にいる世界各国の人のカードが壁一面に貼られます。

我々の隊では、冬至の時季（日本でいうと夏至）を挟んで1週間をイベントの日と決めました。そのうち、相方さんのフレンチのフルコースの日が1日。私の会席料理の日が1日。あとは夏祭りと称して、廊下のほうに屋台を組んで、綿あめやタピオカドリンクのようなものが廊下の屋台に並んでいました。隊員6人がそれぞれ好きなラーメンを作って、1位を決める選手権もやりました。最終日はパーティーのような感じで、スライスされていない塊の生ハムを出したり、北京ダックまで！　相方さんお得意の大盛りパスタもありました。そんな形で毎日、普段の食事とは違ったものを用意するのです。

この期間に思い出深い出来事がありました。会席料理で出したじゅん菜の赤だしのみそ汁を、赤みそ嫌いのベテラン隊員の方に褒められたのです。私はもともと赤みその料理が得意で、鯖のみそ煮も赤みそで作りたいと思っていたのですが、最初に彼の嗜好を知ったことから、赤みその料理を出し渋っていたのです。その人はおかわりが欲しいと言ってくれたのですが、おかわりはなく、出せなかったのが悔しかった。わざわざ厨房まで来てくれたのに。

ミッドウインターのコース料理の日のドレスコードは、男性がスーツ、女性はドレッシーな服、私は着物を持っていきました。全員が正装するのはその日くらいです。普段は作業着しか着ていない人たちが、急にかしこまってなんだか七五三的というか……。見慣れない姿がちょっとおもしろく。しかもそのためだけに荷物になる洋服を持っていくなんて、やはりちょっと変わっていますよね。

ショートフィルムフェスティバルも行われます。これは、世界共通でその年のお題が

1つ、フリー作品が1つの2作品を出品します。このときのお題はスターウォーズの「フォースとともにあれ」でした。世界各国の人たちがそれぞれのフィルムを見て投票し、その数でランキングが決まるのです。

同じ南極大陸に住んでいるとはいえ、時差もあります。ですからオンラインで開催されるわけではなく、それぞれの基地で業務の合間にエントリー作品を見て、好きな作品に投票する形でした。1位は確かフランスの基地の作品だったでしょうか。

「フォースとともにあれ」に関しては、基地紹介を兼ねているので、NHKの教育番組「ピタゴラスイッチ」をヒントに、仕掛けをいくつかの観測小屋に作って、球が転がりながら観測の部屋をつないでいくような感じにしました。その中にお題を入れ込むのです。もう1本は、やっぱり日本だからサムライでいってみようということで、雪の中で立ち回りの映像を撮影しました。

フィルムの中では各国の基地の様子が見えるので、「こんなご飯食べてるんだ」とか、「こんな設備あっていいね」みたいな感じでふむふむと見ていました。よく「隣の基地との交流ってあるんですか？」と質問されます。そのときは「最寄りの基地まで、雪上車で片道3週間ですかね」と答えます。まあ、おしょうゆを借りたくても持ってないでしょうしね（笑）。

南極の
イベント料理

隊員たちの気分をリフレッシュさせるためにも、イベントは大事にしていました。贅沢な食事にも見えますが、ほとんどが冷凍食品を駆使したもの。限られた食材の中で喜んでもらえるように工夫を凝らしました。

1月29日
前次隊お疲れさん会

前の隊の送別会は次の隊である我々の出番です。相方さんと私はパーティー料理の準備に追われていたので、隊員たちにお願いして、冷凍のカットケーキを並べてもらいました。

2月3日 節分

この日はまだ慣れていなかったので、相方さんと2人で調理を担当。太巻きとお赤飯は私、ほかに、相方さん作の鶏の小悪魔風、ベーコンサラダ、野菜スープなどが並びました。

2月27日 越冬成立しちゃうよ日

越冬成立とは、前の隊や夏隊、自衛隊などが乗り込んだ「しらせ」が日本に向けて針路をとり、もう戻れない、という日のこと。ここからは我々30人だけの生活に。すき焼きや鯛飯でお祝いし、この日だけは乾杯用の日本酒も並びました。

3月3日 ひな祭り

ひな祭りには欠かせないちらしずしと蛤のお椀。それに金目鯛の煮つけやちっちゃい菱餅も作りました。ちらしずしは、「おじいちゃん」という愛称で呼ばれていた隊員から「これまで食べた中で一番おいしい」と褒めてもらったものです。

3月14日 ホワイトデー

相方さんお手製のパフェ、隊員たちからは100均の花束とメッセージ入りの色紙をもらいました。メッセージボードは、冷凍パイシートに重しをして平たく焼き、チョコレートを溶かして手書きした相方さんお手製。ちなみに2月のバレンタインデーには、日本にいるときにオーダーしたオリジナルパッケージのチロルチョコを用意していました。

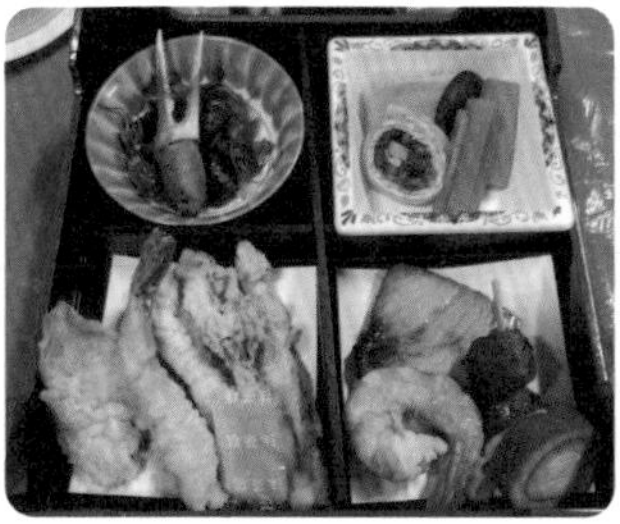

4月17日 お花見

気分を盛り上げるためにブルーシートの上で宴会(p.109)。相方さんが花見弁当と称して、天ぷらや炊き合わせ、かに爪と海藻の酢の物、鶏五目おこわ、豚肉と野菜のせいろ蒸しなどを準備してくれました。中央にはどどーんとたらばがに。

5月21日
オングルピック
(オリンピック料理)

この年のオリンピックはブラジルのリオデジャネイロで開催されたので、ブラジル料理に決定。ネットでレシピを検索して、シュラスコ風豚肩ロースト モーリョソースや、チュロスにチャレンジしました。ほかに、水炊きやサラダ、いかリングなども。

6月21日（の前後1週間）
ミッドウインターフェスティバル

南極に滞在しているほかの国の方々とともに祝うミッドウインターフェスティバル（p.110）。グリーティングカードを送り合うほか、昭和基地では夏祭り風に屋台を出したり、ラーメン選手権を開催したりとさまざまなイベントで盛り上げ、極夜を乗り切ります。

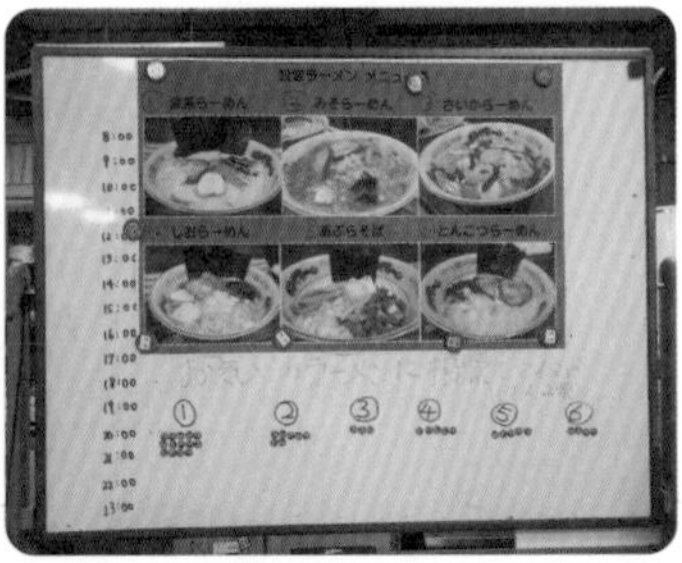

会席料理コース

私が担当した会席料理のフルコース。写真は前菜盛り合わせで、豆乳水無月豆腐、烏賊のからすみよごし、無花果白和え、蟹ふかし、茶ぶりなまこ、サーモン黄身寿司、若桃、合鴨ロース低温蒸し。続いて椀物、造り、焼き物、煮物、ご飯物、最後に甘味とお茶で締めくくりました。

フレンチフルコース

相方さんが担当したフレンチのフルコース。魚料理はオマール海老と真鯛のブリック あさり風味のサフランソース、肉料理は鴨の胸肉、仔羊、和牛のロースト粒マスタードソース。ほかにもフォアグラのタルト仕立てやトリュフ風味のエスカルゴのコロッケ、オニオングラタンスープなど贅を尽くした品々。この日のために用意しておいたワインも堪能しました。

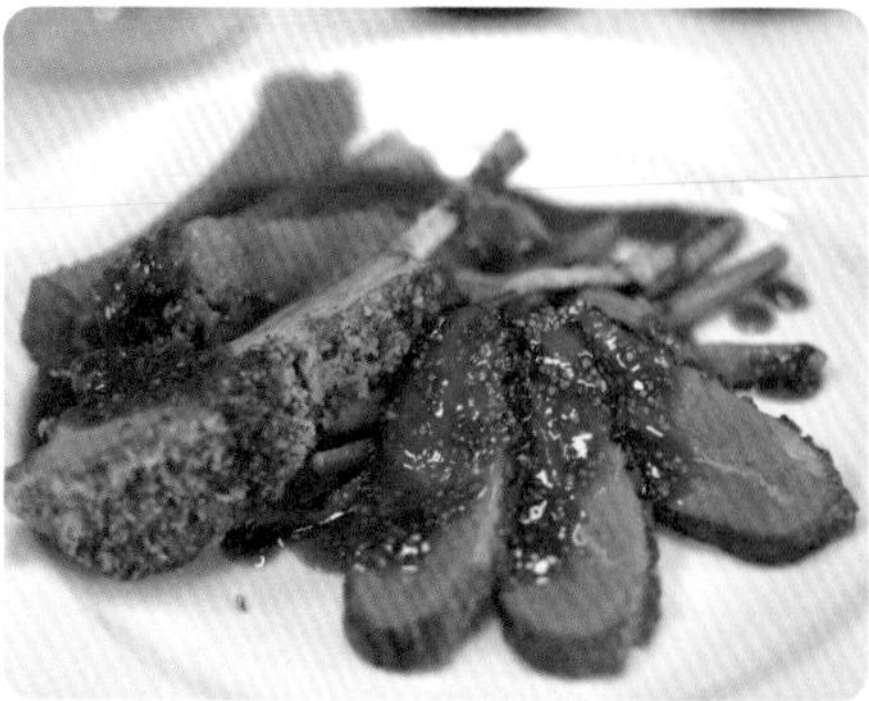

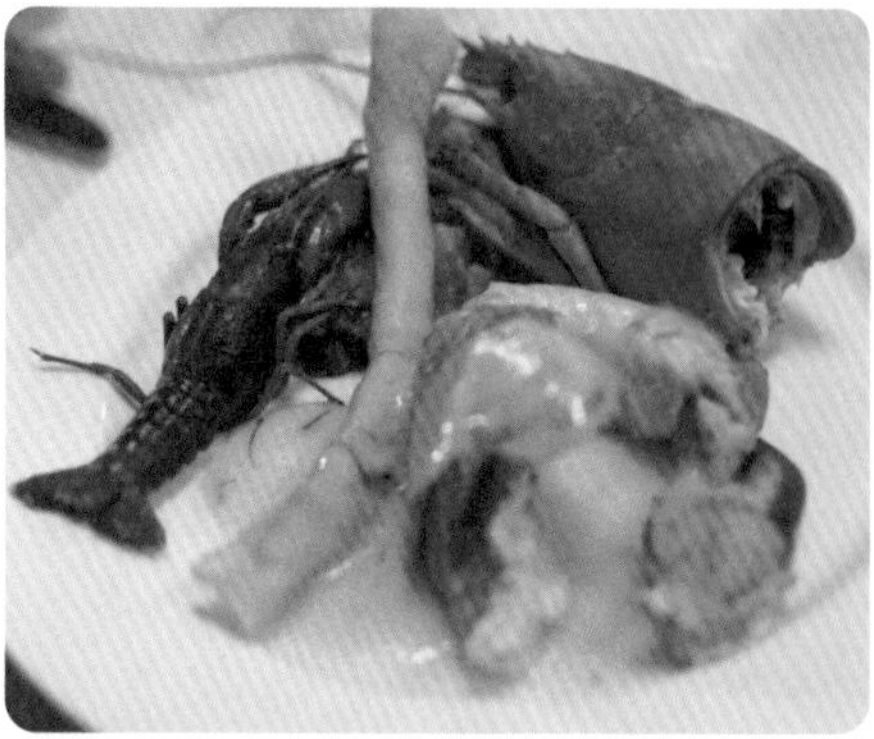

10月29日
ハロウィン

前菜盛り合わせにローストビーフ、かにのトマトソースパスタなど、大皿にてんこ盛りの料理が並ぶ中で、グリーンサラダも山盛り！と思いきや、野菜不足の昭和基地でこんなに生野菜があるはずはなく。アルミホイルでかさ上げした上に薄く盛り付けているのです。

11月
氷上流しそうめん

南極観測隊の伝統行事となっている氷上流しそうめん。傾斜のある場所に溝を掘り、座る場所も掘って滑り止めの砂をまいて準備完了。いざ、そうめんを流すのですが、そのままだと凍ってしまうので、なんと熱湯をかけながら流します。貴重な経験でしたが、とにかく寒かった!

12月18日 クリスマス

クリスマスの25日には次の隊が到着してしまうので、少し前倒しでクリスマスパーティー。メインディッシュは骨付きフライドチキン。ほかにもグラタンやたこのカルパッチョなどを大皿に盛り付けます。この日、サンタクロースとトナカイの仮装をした隊員たちが、プレゼントを配ってくれました。

1月1日　お正月

昭和基地で2回目のお正月。毛がにや伊勢海老の刺身などいかにも豪勢に見えますが、実は意外とたくさん残ってしまっていて鮮度も落ちているため、あまりおいしくはありません。おせち料理は作れるものはなるべく手作りしましたが、時期的に忙しかったので、準備しておいた市販の冷凍ものも使いました。

1月31日
最後の晩さん

2月1日の交代式の前夜、最後の晩さんは焼き肉でした。ホットプレートで殻付きのアワビやホタテなども焼き、最後の仕事を終えました。とはいえ、この時期はあまりにも忙しすぎて、実はこの日の料理のことをあまり覚えてはいません。

第 5 章

最後の数か月、残りの日々をどう切り抜けたか

極夜明けから、基地外に出る隊員が増えてくる

7月の中旬に極夜が明けると、再び、太陽が昇る日常が始まります。ですが南極は本格的な冬を迎え、加速度的に寒さが増していきます。この時期になると、活動範囲が昭和基地周辺にとどまらず、南極大陸上の別の基地に滞在するなどさまざまな計画が立てられます。極夜までは30人がほぼ毎日一緒だったのが、今回は6人いない、次回は8人いないといった状況がポツポツ起こるようになってきます。

昭和基地のある東オングル島や南極大陸の周辺観測以外に、氷河の動きの観測を行っている人もいて、機器の設置や回収をはじめ、さまざまなメンテナンス業務もあります。これは気候的な問題で、南極の冬にしかできません。

こうして、それまでは今まで基地中心の生活だったのが、基地外に出る人間が出てくることで、お弁当の準備が必要になるなど、前半にはなかった仕事も出てきました。

危険予知のあり方。隊員が不在になったらどう対処する？

南極観測では常に危険予知（ＫＹ）が欠かせません。

「ああなったらどうする？」

「こうなったらどうする？」

危機状況の想定を自分たちで行って準備していくので、隊員の不在に対する恐怖心はありません。ただ、誰かがいなくなるということは事前準備が大変なのです。

例えば、8人不在の期間があるとします。すると、その間のありとあらゆる想定をします。基地外で活動するチームなどは個々でもミーティングを行いますが、基本的には全体でも日常的にミーティングを欠かすことなく、全員の行動を全員が把握しています。

わかりやすいのは消火体制についてでしょうか。消火班、ポンプ班、医療班などと係が決められ、指揮系統の名前がホワイトボードに貼ってあります。その中で、人が抜けても回るように再度シミュレーションを組み直します。「明日からメンバーが変わるから、こうしよう」とミーティングで確認し、基地内のシミュレーションにかける時間は惜しみません。もちろん食料もですが、とにかく命に関わることです。送り出した先の雪上車が壊れたらどうするのか、防寒はどうするのかといったことから、出かけた先の事故やケガ、ありとあらゆる想定をして準備をしていきます。

とにかく火事は一番怖いです。万が一、メインの建物が焼失したら……。でも焼失したときの想定もあり、どの建物を拠点にするか、どう生活スタイルを組んでいくかまで細かく決まっていました。

基地外での食料の考え方、非常食

基地外で活動する際、日帰りの場合にはお弁当を作ります。保温できるタイプで、みそ汁も入る丸いお弁当箱に詰めていました。日本では季節によっては食中毒のリスクも心配されますが、南極では重宝している様子で、使い込まれたものが何十個もありました。もちろん、どんなに温かいみそ汁を入れても食べる頃にはぬるくなりますが、南極で冷たいご飯を食べるのは、日本で食べるのとは比にならないまずさなのです。

候補者としての準備段階のときに、日本の乗鞍岳で冬期訓練がありました。山小屋の人がおにぎり弁当を作ってくれたのですが、食べようと思ったら一粒一粒がパラパラで凍っている感じがしました。寒い場所で冷たいご飯を食べるのって、こんなにも苦痛なのだと思いながら食べましたが、あのときの経験が、南極での調理隊員の意識に生きているのかもしれません。

もうひとつ、数日間不在にする場合の食料について。日数分の食料に加えて、予備食や非常食といったものも準備するのですが、これは万が一、予定通り戻れなくなったときのためのプラスαの食料です。それらのパッキングを行うのも調理隊員の仕事で、極夜を過ぎた頃から基地外の活動も増えるため、相方さんは、「基地外に持っていくときの食べ物はここにためてね」と言ってスペースを作り、準備を始めていました。

カレーをはじめ、普段のおかずもちょっと多めに作って、残った分を1食分ずつパッキングして冷凍ストックにします。数や内容にノルマがあるわけではなく、日々の調理の中でついでに増やしていくのです。もちろん、期間が長くなるほど食料は多くなるので、そこに関しては必要な数を計算しました。一応計画表があって、このパーティーが何月何日何人体制で、予備食は何日分といった申請書類もあります。年間で行うオペレーションや観測などは6か年計画ですし、内容は決まっていますが、現地の天候や状況によるので流動的です。例えば、3泊4日の場合には、予備の食材はプラス3日分くらい準備しますが、行く場所によっても中味が異なるといった具合でした。

一度、こんなことがありました。段ボール箱に食料を詰めて予備の食事を準備してから、チームの中のひとりと確認を行っていました。彼らを送り出して2時間くらいたって、予備食の入った2箱が、なんとそのまま冷凍庫の入り口に置いたままであることに気がつきました。

そのとき、私はこう思いました。「そもそも4日分の食料は積んであるし、彼らが休む予定の小屋には1週間前に行って、カップラーメンなどの食料備蓄があることは認識している。なんとか大丈夫だろう」と。ところがそれはとんだ間違いでした。時間がたってから隊長に話すと、彼は激怒してこう言いました。「その小屋まで彼らが無事にたどり着けるっていう保証がお前にはあるのか」と……。おっしゃる通りですよね。たどり着けなかったら、予備の食料を手にすることなんてできるはずがありません。

実は、最初の頃は相方さんも確認してくれていましたが、そのときは担当者と私のダブルチェックのみでした。2人とも、当日食材を積んだかどうかの確認を怠っていたわけですし、本来ならば、もっと早く確認すればよいのに、2時間もたってから気がついたのです。

天候のせいで、チームは予定していた4日間を過ぎても戻りませんでした。無線でやりとりを行うのは最低1日1回。定時交信のときに安否確認をするのですが、向こうには大した緊迫感はなく、楽しくやっていたそうなのです。つらかったのは残されたこちらのほうでした。「帰ってこないよ、どうしよう」とキリキリ。2日後に戻ってきたときの安堵感は忘れられません。

本人たちはある食料をそれなりに工夫して食べていたため、そこまで困ってはいなかったそうなのですが、基地の中では大問題になりました。忘れていったチームメンバーもですが、それを確認しなかった私の責任問題や、食料は小屋にあるから大丈夫だという勝手な判断。隊長は、食料を積んでいないことがわかれば、絶対に基地に戻す気でしたから、本当に叱られました。その後は大反省会だったことは言うまでもありません。

次の隊が来る準備にバタバタ

10月くらいまで入れ代わり立ち代わりの状態が続いて、11月になるとゆっくり語らう時間もなくなってきて、翌月には次の隊が到着してしまいます。今までメインの建物だけで生活していたのが、次の隊員の滞在場所である夏の宿舎を、人が生活できるように立ち上げなくてはなりませんでした。

配管は凍結しないよう、すべてをバラしてあるのでそれを一から組み直し、太陽光パネルの線をつないだり、本来はヘリポートである場所に布団を干したり。

食事は普通に作っていましたが、それ以外の仕事が増えていき、あっちの仕事も、こっちの仕事もの状態になり、ゆっくり料理に向き合う時間がなくなっていったように思います。隊員たちの間の空気もピリピリしていました。

そうそう。ひとつ驚いたことがあって、このくらいの時期から、痩せようとする隊員が増え始めるんです。ご飯はいつもと同じだけの量を炊いているのに、減りがなぜだか少ない。そうか、みんな炭水化物抜きダイエットを始めたんだなって。

経験者の方に聞いた話によると、皆さん、南極に行って太って帰ってくると、「お前、ちゃんと仕事してたのか」って言われるそうなんです。奥さんから、「○キロ以上太ったらダメよ」って言われている隊員もいましたね。カレーの日だけはいつもと同じ量のご飯を炊いてもなくなっていましたが、そのうち残る量も増えてきたので、やむを得ず炊く量自体を減らしました。

食料の全体量が見えているので、やりくりしやすいラスト数か月

最後の数か月は食料の全体量が見えているので、当初よりは、やりくりが楽でした。素材ごとの山を平らにならしていくような感じでしょうか。すでに、1週間の消費量などの大まかな感覚はつかめていたので、最後まで間に合うかどうかもなんとなくわかる。「どうにもならなくはないな、なんとか大丈夫だろう」、そう自分に言い聞かせて、少しだけホッとしてもいました。

倉庫のあちこちに分散していた食料を1か所にまとめ、残ったものを次の隊に残していくための仕分け作業を始めました。また、冷蔵室のスペースも空けておかないと次の隊が困るので、私たちの食材は1か所に寄せて、使用する範囲を小さくしていきました。

ここでの調理隊員としての経験を振り返ってみると、一番怖かったのは最初の2か月くらいでした。何を使ったらいいのか、1年間どのくらいのペースで消費したら足りるのか、量の使いすぎも不安。でも、食事の量を減らすわけにはいかないのでとりあえず作ってみる。作ってはいるけれど、このペースでいいのかわからない。

生野菜のじゃがいも、にんじん、フルーツ類がなくなってくるのが3か月目。この頃から少しずつなくなるものが出始めます。4、5か月目になると冷蔵室の片付けが済んでいるので、どこに何があるかを把握していて、どんどん使っていける状態に。今思うと、特にストレスなく作りたいものを作れたのは半年後くらいまででした。

そこを過ぎると、今度は次の隊員たちの日本での準備が始まるので、例の「世界一長い内線」から、何がどの程度余り、何が足りないのかの確認のためにバンバン電話がかかってくるようになります。向こうも残しておいてもらえるものは使いたいわけです。ですから、あと半年あるにもかかわらず、帰国へのカウントダウンが始まったような感覚でした。食料に関しても、あと6か月間でどのくらい必要かを読み始めます。ラップやタオル、割り箸といった消耗品の在庫も確認して、自分たちの消費量、余剰分など、すべてを連絡するのです。

私が日本にいたときには、南極サイドから「これ、すごくダブついているから」「絶対残るから大丈夫」と言われていたものが、現地に着いてみたらなかったことがありました。それがショックだったので、自分が「ある」と言ってしまったものに関しては絶対に手をつけず、棚にガムテープで×と書いて相方さんにもわかるようにしていました。

私が前隊員に残してもらってうれしかったものといえば馬肉です。基地内にはバーがあり、そこでお酒のつまみとして馬刺しを出すと喜ばれました。いただいた食材はあくまでオプション的な存在なので、目当てではなく、あってうれしい程度のもの。逆に、ちょっとしか残っていないものは失礼になるので消費してしまい、ある程度まとまって残せるものを残しておきました。うちで残ったのは、相方さんが好んでいた手羽元でした。煮込むとだしが出るということでたくさん持ってきましたが、私がほとんど使わず、相方さんも全部は使い切れなかったのでした。

そうしてさらに食材が減り続け、中でも冷凍野菜が顕著に少なくなっていきます。本当は1キロパックのほうれん草を2パック使いたいけれど、あとのことを考えたら1パックで我慢しようとか、冷凍の卵に関しても同様でした。特に冷凍野菜が足りなかったように思います。肉は冷凍耐性があって、ラストまで全く問題ありませんでした。魚は種類によっては冷凍耐性が低いため、極力おいしいうちに消費し、ほとんど残っていなかったように記憶しています。

隊員たちは食材の中で何が潤沢で何がなくなりつつあるかについては知らないわけですが、「そこの部分で食べ手にストレスを与えてはならない」というのが相方さんのこだわり、かつポリシーでした。そのあたりがプロらしいというか、南極だからこその優しさがあります。私は逆に考えていたので、うっかり隊員の皆さんに、在庫状況を明かしてしまいそうになり、相方さんに「渡貫さん、それは違うと思うよ」と言われてハッとしました。

最後の時期にどのように食べ物と向き合ったか

帰国までの数か月間は私自身忙しかったようで、日記を見直しても献立メモも残っていません。最後の晩さんは焼き肉だったような。でもあまり記憶にありません。少しストレスもたまっていました。というのも、それまでは自分たちのルールとペースで生活できていたのが、次の隊が到着すると、越冬交代式までの2か月間は今までとは違ったルーティンになっていくからです。それによって今まで回っていたことがうまくいかなくなり、新しい人たちは彼らのルールで動き始める。食事の引き継ぎひとつ取っても、さまざまなことがありました。さらに、白夜でずっと太陽が出たままということもあり、交替制で24時間仕事をするという過酷な日々が重なっていました。

次の隊員たちの食事は到着後2か月間は海上自衛隊の人たちが作るため、私は変わらず現隊員30人分だけ用意していましたが、中間食として、おにぎりを作るようなことは、次の隊員に対しても行っていました。これは、残りの食材がどのくらいかわかっているため、残すなら使い切ったほうがよいということも理由でした。喜んでもらえたらと、彼らが到着したときに早速ヘリポートにおにぎりを差し入れたのですが、ヘリのダウンウォッシュで粉塵が舞ってジャリジャリのおにぎりに。食べられる代物ではなくなり、食材を無駄にしてしまったことも重なって軽く落ち込みました。白夜、24時間労働、ヘリポートの砂利……。どれも、昨年自分が経験したことなのに、どこか頭から抜け落ちている記憶なのでした。

2月1日に越冬交代式があり、当日の朝ご飯までは私たちが作りました。そこで交代し、次の隊員たちが昼の準備を始めます。本当なら、感慨深く厨房に挨拶をしたいところでしたが、ヘリが出る時間も迫っているので、それまでに荷物をまとめ、思い出深いキッチンを急いで後にしたのでした。

最後の最後に、南極で4日間足止めを食らう

本来は2月1日にヘリに乗る予定でしたが、風が強くて飛べない状況でした。結局、南極に着いてすぐの夏の間の拠点にしていた宿舎に避難。「しらせ」はすぐにでも私たちを乗せて日本に向かう準備をしたいところでしょうが、その後も風が強くて動けず、節分を迎えてしまいました。私が初めて南極で料理をしたのは、2月3日の節分だったことをしんみりと思い出しながら2年続けて恵方巻きを巻くことに。4日後にやっとヘリが飛び、ようやく「しらせ」に戻ることができましたが、そこからは1か月以上に及ぶ長い帰路の始まりです。

出港後しばらくは海が荒れないので、その間に報告書を書きました。ほどなくして海の荒れる海域に突入し、食べたくない、気持ち悪い、眠れない、の日々が再び訪れました。隊員たちは、行きと変わらずランニングや体操をして規則正しい生活を送っている人もいましたが、同時に夜な夜な酒盛りもしていました。南極に持っていったもの、船に積んできてもらったものを含め、注文した酒類を帰国までに飲み切らないと税金の支払いが発生してしまうのです。自衛隊の方はドライシップといって飲酒が禁止されているので、彼らの手前、食堂では飲めない。一応の配慮で部屋で飲んでいましたが、空きビン

や空き缶がたくさん出るので、結局わかってしまいますけどね。

こんな感じでバタバタしながら、最終的にはみんなあまり代わり映えのしない体形のまま帰路につきました。どうしても仕事の関係で体重を落とさなくてはならない方などは、船の中だけでなく、オーストラリアに着いても運動を続けていました。ほかの方々はといえば際立った変化もなく、南極の名残を残したまま帰国。その後体形が戻った方も、そうでない方もいるようです。

南極では、知らず知らずのうちに普段の生活とは違うストレスを感じているため、それを解消するために好きなものを食べることに走っているのもあるでしょうし、私たち調理隊員としても、食に関してだけはストレスを感じさせないように努力をしていました。野菜の量が少なく、メニューも決められているので、その分、量に関しては各自が思う存分食べたいだけ食べていたんでしょうね。

南極の暮らしスナップ

ほかの隊員たちと暮らしていて、ストイックに見えすぎない、共感を持てるレベルで、それぞれが南極になじむ工夫をしていたように思います。自分にもできそう、ストレスがたまるほど無理していないということで参考になりました。

• 歯磨き

夏隊の方で、歯を磨くときに歯磨き粉を使わない方がいました。水磨きだけさっとして水を飲む。洗面所に行かずして全部済ませていました。重曹だけで磨く人もいて、歯磨きひとつ取っても、環境を考えている人はやり方が違うのです。

• ボックスティッシュ

意図的になのかわからないのですが、とにかく基地内のどこにも置いていないので、次第に使う習慣がなくなりました。なければないで生活できることにも気がつきました。

• ミニマリスト

観測隊のメンバーは荷物の多い人、少ない人がいます。中には驚くほどのミニマリストさんも。持ち物自体が環境に配慮したもので、洗濯の仕方、お風呂の入り方や物を使い切る工夫など、見ていてとても勉強になりましたし、憧れの存在でもありました。

氷はご当地もの！産地にこだわる！

昭和基地はひとつの国や村、街のような感じに近いかもしれません。南極ならではのオリジナルの標識が立ててあったり、お花見イベントに合わせて気象庁の方が桜前線を「あるもの」として開花宣言をしたり。日本のような娯楽施設があるわけでもなく、閉鎖的な環境だからこそ、日常をいかに楽しめるか、限られたものを存分に楽しもうじゃないか！　そんな気持ちが伝わってくるユニークなセンスが私は大好きでした。

「ご当地氷」もそのひとつ。調理用の製氷機もありましたが、基地のバーで飲むときなどは、現地調達の氷です。これが贅沢で、産地にこだわるんです。どこの氷山の氷とか、これはどこどこ氷河、みたいな。あまり行けないところの氷だったりすると、レア感が増す。でも、何度も行っている方だと、「今日の氷いいね」って見た目だけで違いがわかるのです。「今日はなんとか氷河です」って言うと、「やっぱりそうか」なんて、普通ではありえない会話です。

南極では、自分たちが行けないままの場所もたくさんあります。現地に実際行った人が持って帰ってきてくれる氷が冷凍室の入り口の段ボール箱に入っていて、そこから持ってきてお酒を飲む。氷は食べたことがあるけど、その場所には行ったことがないということが多かったですね。実は私、ウイスキーの味を覚えたのは南極なんです。あの氷でおいしく飲めるっていったら、ウイスキーだよなと思って。

お土産の定番といえば、南極の氷。アイスオペレーションと称され、みんなで氷を取りに行き、つるはしや電動ハンマーで氷の山を砕き、日本に持ち帰ります。

昭和基地の建物案内

私たちが生活をしていた主要建物内にはさまざまな目的の部屋があり、ちょっとした娯楽のためのスペースもありました。

食堂　昭和基地の中は意外とウッディな造りで、初めて立ち入ったときはこころなしか木の香りがして落ち着きました。食堂の右奥が厨房。その手前にテーブルを並べて、朝食ビュッフェのカウンターにしていました。

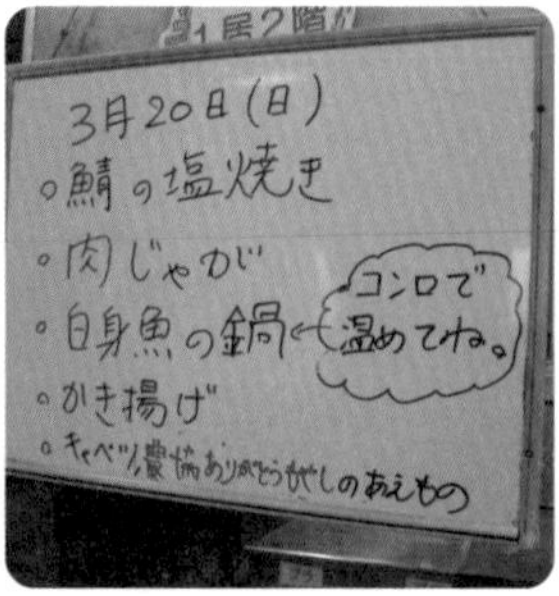

厨房

私がほとんどの時間を過ごした思い出の仕事場。厨房は広いだけに小回りがきかず、作業しづらい面もありました。1日3食、献立が決まったら当直さんがホワイトボードにメニュー名を書き込むのがお決まり。

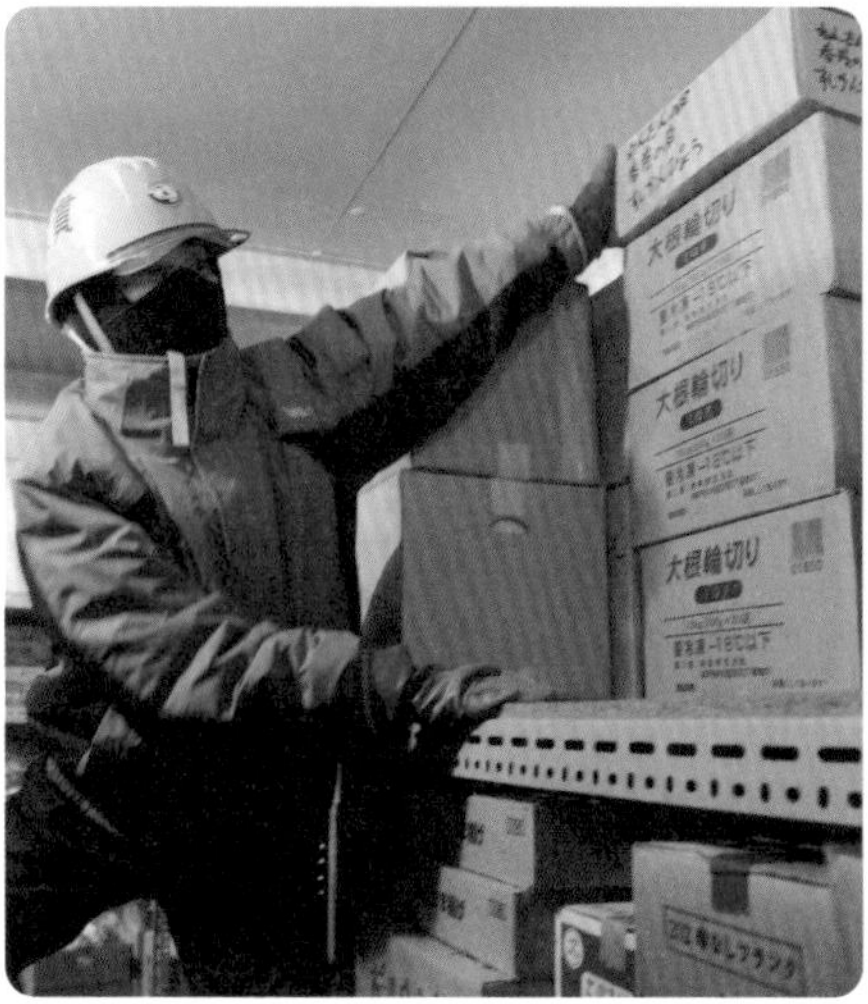

冷蔵室と冷凍室

冷蔵室と冷凍室には、越冬期間の食料がぎっしり。冷蔵室には長いもや玉ねぎなど日もちする生野菜も。冷凍室で棚卸しの作業をすることも多く、完全防寒で挑みます。

グリーンルーム

南極で一番の癒やしスペース。農協係が種をまき、日々世話をして、葉物やきゅうり、トマトなどを育てました。収穫量はごくわずかでしたが、隊員たちには恵みの野菜です。

1 野菜栽培室はこんな感じ。南極で緑が見られるのはここだけ。

2 水耕栽培できる野菜を選んで、いろいろな種類にトライ。たくさん収穫できているように見えますが、30人で分けると1人分はほんの少し。

1 きゅうりは10㎝くらいの小ぶりのものが１人１本。お皿に盛ってナイフとフォークで高級料理のように食べる人も。

2 短期間で収穫できるスプラウト類は、サラダ作りに重宝。

3 １人１粒の貴重なトマトもこんなに小粒！

4 蛍光灯や植物用のLEDライトを当てて栽培。電力を使ってしまうので、規模を大きくするのはなかなか難しい。

第一夏期隊員宿舎

私たちが最初に滞在した昭和基地の離れ。ここから管理棟までは緩やかな峠があり、管理棟は全く見えません。昭和基地の建物はパネル工法と呼ばれる柱のない建て方で、昭和基地のために考案されたとか。専門外の隊員でもジョイントするだけで組み立てられる住宅になっています。

DEV（デブ）倉庫

お菓子は食べたい人が勝手に持っていくスタイルにしていましたが、均等に分けてほしいという意見もあり、お菓子をめぐっていさかいが起こることも…！　特にチョコレートが人気で、出すとすぐになくなりました。

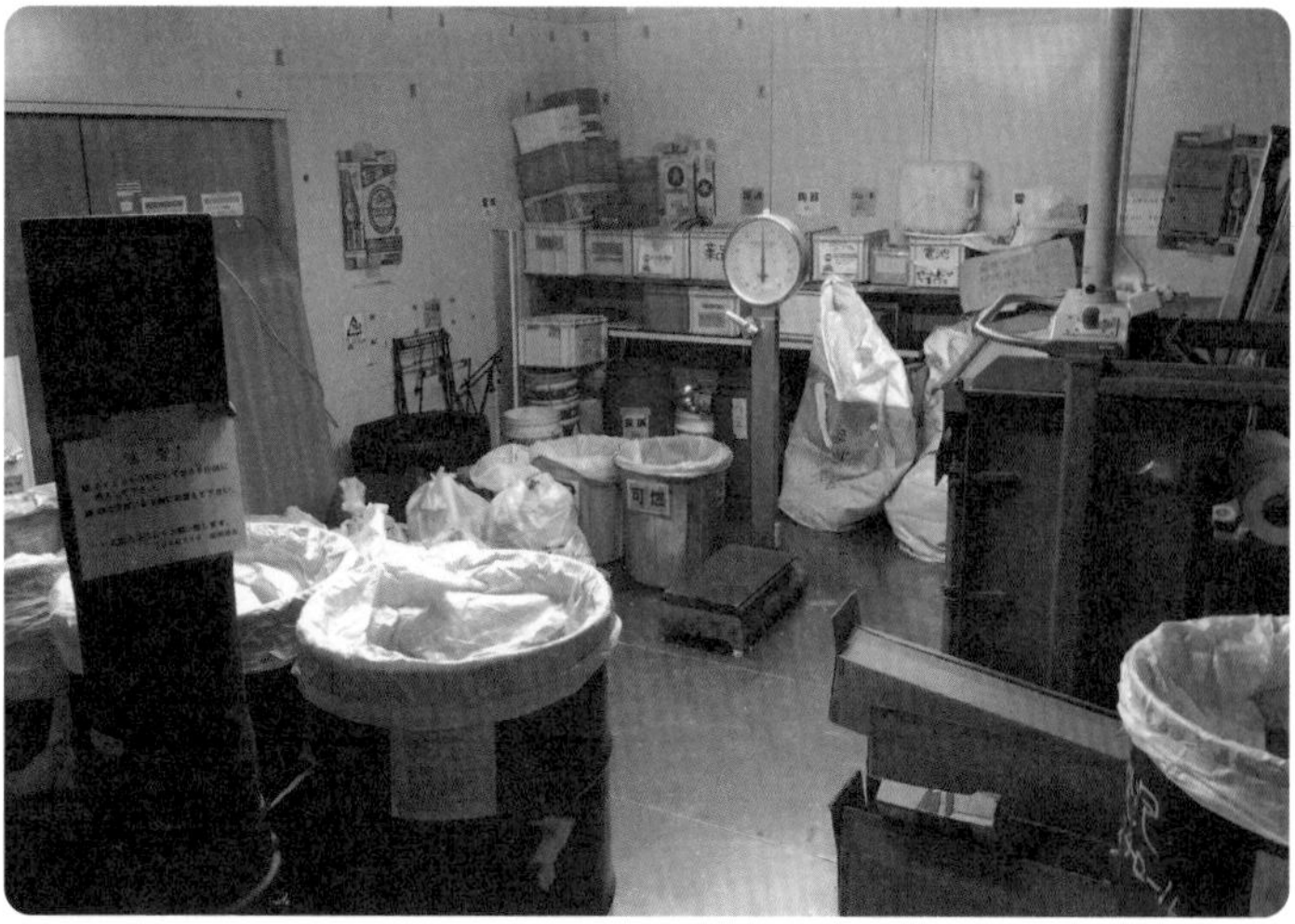

廃棄物集積場

ごみ処理の担当者は１名だけ。生ごみは生ごみ処理機で乾燥させてから焼却、段ボールや缶はプレス、ビンは破砕など、できるだけ軽量にするために、彼は休みなく働いていました。１日が終わったらごみをまとめて、当直がそれぞれの重さを量ります。

バー

毎週水曜日と土曜日の21～23時に開店するバー。ほかに、ゲームやカラオケ、卓球台などもあり、隊員たちのストレス解消の場となっていました。

隊員からのリクエスト料理

献立は基本的にこちらで決めていましたが、しばらくたつと、「これが食べたい」「あれ作って」という声がちらほら聞こえるようになります。可能な限り、リクエストに応えました。

二郎系ラーメン

「ジロリアン」の隊員に、「どうしても南極で二郎系ラーメンを食べたい」と言われ、日本で事前に食べに行って研究したほど。ネットの情報なども参考に、企画した隊員含め数人がかりで、2日くらい前からチャーシューを仕込み、鶏ガラでスープを一から作り、この日のためにグリーンルームでもやしを8kg育てました。それだけにとどまらず、のれんやメニュー、券売機のようなものなどを製作し、「ラーメン二郎　オングル店」を開店。店員のユニホームにネームプレートもつけて本格的でしたよ。

スープカレー

「日本にいるときに北海道のスープカレーをよく食べていたので、南極でも食べたい」との声に応えてチャレンジ。骨付きのチキンをソテーしてから長時間ほろほろになるまで煮込むのがポイント。スパイスをたっぷり入れ、じゃがいもやにんじんなどの野菜はゴロゴロと大きめに切って素材の存在感を出しました。

夜なのに朝定食

こちらは、誰かのリクエストというよりも、たまたま夕食に出した「朝定食」がとても評判で、「こんな料理が食べたかった」という感想が多数あった料理。焼き鮭に野菜の小鉢、冷ややっこ、納豆、味のり、温泉卵、ご飯にみそ汁とまるで旅館の朝食のよう。意外にもごく普通の地味な料理が喜ばれました。

リメイク料理あれこれ

リメイク料理は南極で鍛えられました。とにかく煮汁をシンクに流したくない、ごみ箱に捨てたくない一心で、この残りものをどう使おうか、日々考えていたと思います。

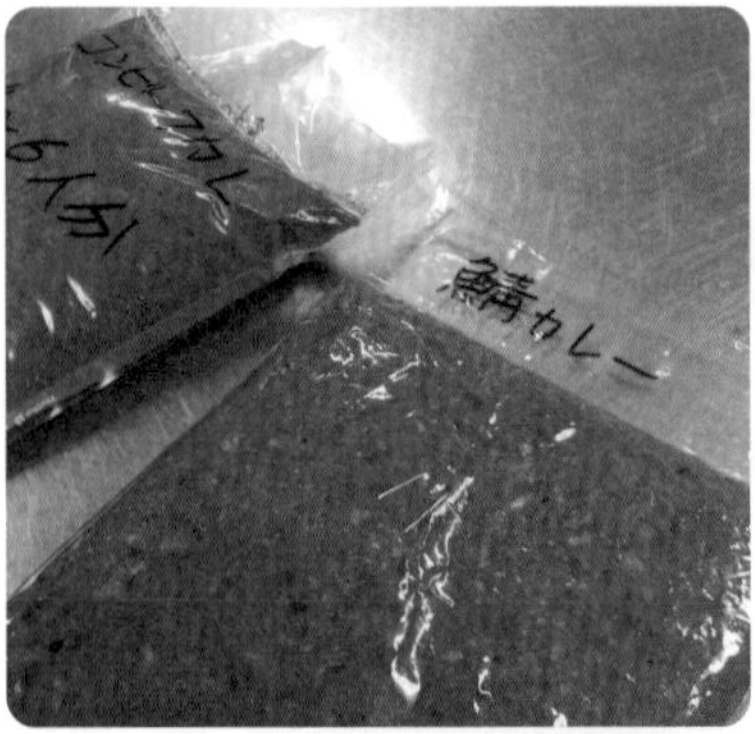

煮汁を再利用

シュラスコの焼き汁→カレー、鶏みそ焼きの汁→みそラーメンなど、残った汁はパッキングし、その場で何に使うかを決めて使いみちを書いておきます。ただし、ほとんどの残り汁はカレーが受け止めてくれました。さらに、カレーが少しだけ残ったらそれもパッキングして、別のカレーに足したりもしました。

ラーメンの汁はできるだけ残してほしくないので、スープを飲まない人にはごく少量のスープで我慢してもらいました。

ケークサレ

固形物が残ったときは、塩味のケークサレに。もともと洋風の料理でベーコンや野菜を入れることが多いですが、甘じょっぱい和風の煮物なども意外と合うのです。緑茶をいれた後の茶殻を入れてもおいしい！　ちなみに茶殻はひき肉と一緒に炒めてそぼろにするのもおすすめ。茶葉の栄養もとれるし、たくさん入れても意外と気になりません。

悪魔のおにぎり

帰国後、某コンビニチェーンで商品化された「悪魔のおにぎり」は、私が夜食に作っていたものを、ある隊員がそう名づけてくれたのがきっかけ。天ぷらうどんを作ったときに残った天かすをどうにか使えないかと思い、天丼のたれのようなものと青さのりを加えて混ぜただけですが、夜に食べるにはカロリーがヤバイ！　でも食べてしまう（笑）ということでこの名が。

悪魔のおにぎりのオリジナルレシピ

材料（1合分）

- ご飯
  …1合分
- 天かす
  …大さじ4
- 青さのり
  …小さじ1
- たれ
  しょうゆ…大さじ1
  みりん…大さじ1
  砂糖…小さじ1/2
  粉末だしの素
  （またはかつお節）
  …少々

作り方

1. たれの材料を鍋に入れて火にかけ、砂糖とだしの素を溶かす。
2. ご飯にたれを回しかけてむらなく混ぜる。
3. 天かすと青さのりを加えて混ぜ、好みの大きさに握る。

その他いろいろ、南極トピックス！

食に関することから、そうでないことまで、私の身の回りで起こった南極ニュースをお届けします。南極ではこんな生活をしているのか、と想像を膨らませていただければ幸いです。

冷凍野菜をおいしく食べる

生野菜がすっかりなくなってしまうと、冷凍野菜の出番。ゆでると食感がなくなっておいしくなくなるのをどうにかしたい！と思いついたのが焼き野菜。さやいんげん、アスパラガス、ブロッコリーなどを150度のオーブンで低温焼きにして、温野菜サラダとして出したら意外と好評。

7か月目！ 芽が出たキャベツ

キャベツオペレーション(p.104)をしようと思って箱を開けてみたらビックリ！キャベツからこんなに芽が出ていました。収穫されても、箱の中に閉じ込められても、最後の力を振り絞ってまだ生きようとする力があるということに驚きを覚えます。

**海外の隊員から
もらった
貴重な食材**

ケープタウンから給油のために昭和基地に立ち寄った海外の隊員たちに、コンテナ２つ分のお土産をいただきました。トマトやきゅうり、にんじんなど、生野菜に飢えている私たちには最高の贈り物。お返しに、15人分くらいのランチボックスを作ってお渡ししました。

南極では必須！ 保温できるお弁当箱

冷たいご飯はおいしくない、というのは南極では共通認識のようで、昭和基地にはたくさんの保温性のあるお弁当箱が用意してありました。３段になっていて、下段に汁もの、真ん中にご飯、上段におかずを入れます。日帰りで出かける隊員たちの昼食として用意していました。

大量のチョコレートを使ったバースデーケーキ

通常、誕生日はその月のイベント日と同じ日に行われるのですが、私の誕生日当日に隊員たちがチョコレートケーキを作ってくれました。みんなで食べるので、同じものが4つあるのですが、なんと、大切に大切に使っていたチョコレートがこれでもか！というくらいたっぷり使われており……（汗）。もちろんうれしいのですが、なんとも複雑な気持ちではありました。

次期隊員から待ち焦がれた食材が届く

12月に次の隊員たちがやってくるのとともに、注文していたキャベツやすいか、生卵などの食材も届きました。これぞ、待ち焦がれた食材たち！　「南極の２大ごちそう」といえば、キャベツのせん切りと卵かけご飯。この日は生野菜や果物、そして卵かけご飯も堪能しました。

観測隊史上最大の大物を釣り上げる

なんと、157cmもの魚を釣り上げるという一大ニュースもありました。ライギョダマシという種類で、観測隊史上最大の獲物だと思われます。生態調査のために釣った後は、食べるときもあるのですが、残念ながら日本国内に持ち帰ることに。現在は葛西臨海水族園に展示されています。

ビーチでヨガ

有志数人でヨガをするという活動があり、夜寝る前の23時頃に自然と集まってきて、室内でヨガのDVDを見ながら1時間ほど行っていました。そのうち「南極の大自然の中、外で景色を見ながらやりたい！」という願望が湧き起こってきて、ビーチヨガを決行。ヨガマットは広げたところパリパリに凍ってしまい、使えずに広げたまま持ち帰ることに。

次期隊員のために布団を干す

次期隊員たちが到着する直前の頃、お迎えの準備のひとつとして、ヘリポートに布団を並べて日光浴。なんとも日本人らしい発想ですが、こんな光景は日本では絶対に見ることはありません。

日本の暮らしの防災にも役立つ、基地外滞在中の水の使い方

隊員たちは数日、仕事によっては数週間、基地の外で生活しなくてはならないこともあります。こういった際は、1人あたり1日2リットルの水で生活しなくてはなりません。人間は、水分を一定量摂取しないと血液の循環が滞って凍傷になりかねません。そのため、水は必須です。南極の屋外では、鍋に雪を入れて溶かすか、大きなバケツに雪を入れ、雪上車の中に入れて溶かすと、必要最低限の量の水が手に入ります。

使い道には優先順位があるため、まずお風呂は諦めます。湯を沸かして食べ物を温め、温めた湯はそのままお茶やコーヒーをいれるとか、スープにするなどして使い切ります。歯も磨きますが、うがいした水もごみになってしまうので、ここでは飲み込みます。これらは、現地で経験者の方から話を聞いたり行動をお手本とするうちに、当たり前にできるようになっていきました。

南極の食料備蓄はなんと5年分

食料の追加補充がない南極隊員の暮らしは常に緊張感があり、危険予知の優先が大きな意味を持っています。火災に遭ったら建物が壊れて食料も燃えてしまうかもしれない。次の観測隊の船が到着できなかったら越冬は長引くかもしれない。食料はどうなるのか。

実は、調理隊員が予算の中でやりくりをしたものとは別に、5年分の備蓄が決められていて、災害時に影響を受けないよう、基地からかなり離れた倉庫に保管されています。リストに則ってそろえられた新しい食料が、毎年スライド補完されていき、5年ものが米、3年ものが缶詰や乾物、1年ものが冷凍食品と保管期間も決まっています。賞味期限は切れていますが、保管期限を過ぎたものは使ってよいことになっていて、運んできた新しい食材と混ぜて使用します。ただ、実際には缶が腐食しているなど状態は保証できないので、試した結果、廃棄の場合も。あくまで、あったら助かる程度。「基本はこれに頼らず、ないものとして考えたほうがいいよ」と相方さんに言われ、経験からの判断に驚かされました。

このような状況は私自身、人生で初めての経験でしたので、いくら目の前にたくさんの食料があったとしても安心できませんでした。「本当に足りるのか」、「どこまで使ってよいのか」という怖さと隣り合わせで生きていました。

南極における電力の優先順位

最初の頃は自分が持ち込んだ電気製品がどの程度電気を消費しているのかを知るために、エコワットを経由して電気を使い、消費量を表にしていました。主な指標を知る感覚につなげるためです。

発電機が2台あるのですが、切り替えの際が緊張で、冷蔵室や冷凍室の電源を切ることもありました。冷凍食材が溶けることは気になりますが、それよりも、ライフラインにつながる発電機の優先順位のほうが高い。

日本に暮らしていると、「このコンセントはどこにつながっているのか?」を考える機会は少ないかと思います。基地で暮らしていると、どこから電源を取ればよいか、考えて電気を使うようになってきます。

極夜（ミッドウインター）のお祭りで綿あめを作りました。電力に大変な負荷がかかるため、どこのコンセントに差すかは大きな問題。日本ではブレーカーが落ちたら上げればいい話ですが、南極ではそうはいきません。電気担当の方と一緒に電気の配線図を見て、どこに差せば大丈夫かということも考えなければならないのです。

第 6 章

南極で得た暮らしの知恵は、日本の日常につながる物語

帰国して、浦島太郎モードになってしまった

南極からシドニーまでは50日間の船旅。いよいよ、もとの暮らしに戻るときが、そこまで近づいていました。私の場合は帰国後の仕事が決まっていたわけでもなく、自分のペースで社会復帰が可能な状況にありましたが、企業に所属している方などは、4月1日から職場復帰です。船内でも報告書をまとめたり、準備を進めるなど、ゆっくりできないまま帰路についていました。

シドニーに船が到着すると、そこからは空路で日本に帰国。ですが、荷物はまだ「しらせ」に積んだまま。日本に到着する2週間後に受け取りに行くのです。国立極地研究所へは出発前に退職届を提出しているので、出向く必要もなく、帰国後の健康診断や事務的な後処理が残るのみでした。

帰国初日。まず、家には帰り着いたものの、携帯電話の契約を解除していたことに加えて、自宅のWi-Fiの暗証番号が変わっていたらしくネットがつながらない。Wi-Fiを探し求めて近くのファストフード店まで歩いて行ったのに、この日に限って故障中で家族に連絡がつかず。

久々に再会した子供は飄々《ひょうひょう》と、「そんなに大変じゃなかったよ」と。そう、家族はごく

自然な感じで当たり前に日々を過ごしていました。問題は私自身。次に何をしなくちゃならないかを考えるのにも時間がかかってしまう。何かしなきゃ。そうだ、お土産。でも、そもそも南極土産なんてありません。南極のご当地氷なら持って帰ってきたけれど、船はまだ日本に着いていないし。仕方なく、シドニーで買ったカンガルーとワニのジャーキーを差し出したのでした。

1年前までどうやって家族と接していたのかさえも忘れていました。家の中はいろんなものが移動されていて、キッチンの配置さえもわからなくなっていて。

南極に行く前に好きだったお笑い芸人さんはテレビから消えてしまい、代わりに初めて見る芸人さんの露出の多さに、時間の経過を実感しました。「なんだか浦島太郎の気持ちがわかるかも」。心だけでなく、体も生きづらさを感じていることだけは確かでした。

どこにいても、体に音の洪水がなだれ込んでくる

久しぶりに街に出てみる。すると、交差点に立つだけで、わけのわからない音がうわーって聞こえてきて、頭の中では無意識に、何の音かを解析しようとするセンサーが発動し始めます。街中にいるとその頻度がすごくて、「ウー!!」って頭を抱えたくなるほど。

無意識のうちに、頭の中で音がぐるぐるする感じでしょうか。最初の数週間は、その状態をやり過ごすだけで、ものすごく疲れてしまいました。

多分、野生動物のような状態になって、危険予知をしていたのだと思います。

日本の日常では、電車の音、救急車の音をはじめ、日々さまざまな音が当たり前に耳に入ってきます。でも南極では、「聞いたことがない音＝危険」になります。「これは何の音？」とか、「今日、発電機の増幅音が激しくない？」といったことひとつひとつもすべてを疑い、確認するのが習慣になっていましたし、嗅いだことのない匂いなども怖いことのひとつでした。コーヒーを焙煎するときでも、日本なら「コーヒー豆、煎ってるね」で済むところがそうはいかない。事前のアナウンスが必須でした。

家での暮らしやキッチンの配置などには徐々に慣れていきましたが、食事を作っているとどうもいろいろ気になってしまう。梱包のビニールにまず困惑し、プラごみ、ビン、缶はこのまま捨てていいの？　ごみ箱も全部確認しては、このままでは捨てられない気持ちが湧き上がってくる。違和感があってモヤモヤ。どうにも居心地が悪い。

一番困ったのが、ラーメンやうどんの汁を自宅のシンクに流せなくなってしまったことです。「あれれ？ あっ、そうか。流していいのか……」。ここは日本だから流していいのよね」とは思うのですが、でもやっぱり流せない。スーパーでは賞味期限の近い見切り品が気になって仕方がない。過剰梱包にイライラする。惣菜売り場で廃棄を想像して泣いてしまったこともありました。南極では周期的に来ていた生理も止まってしまい、体が何かの違和感に反応しているかのようでした。子供には、「母ちゃんいるのが何か違和感」と言われる始末。まさにギクシャク。こんな感じが1か月くらい続きました。

帰国後の健康診断がありましたが、そこでは異常は見つかりませんでした。でも、何かおかしい。婦人科でも検査を受けましたが、原因はわからないままでした。とにかく下腹部が痛い。歩く振動だけでも痛い。でも、どこも悪くないんです。やる気はまったく起きませんでしたが、いいかげん社会復帰しなくては、という焦りにも似た思いと、日本の日常の中で体が思うように動かないことでジレンマに陥っていました。

3か月くらいは体のあちこちが痛い状態でしたが、原因がわからないまま、ある日ぼんやりと病院の検査結果を並べてみて、気がつきました。

「ああそうか、これはメンタルだ」と。

南極で暮らすということは、体の神経すべてを野生に委ねるような感覚に近いものです。肋間神経痛のようにあばらが痛むのは、異物を感知しすぎている証拠だったのでしょう。気持ち的にもっと鈍感になっていくこと、あまり考えないことでしか痛みを感じなくなり、ストレスを軽くすることは難しいのかもしれない。日本での生活に抗うだけの体力もないし、今すぐ何かを変えられるわけでもない。とりあえず諦めよう。そう思ったら少しだけ楽になったような気がしたのでした。

南極で得られた、不思議な満足感の意味するもの

今思い返してみても、南極での暮らしは１００％仕事に向き合える、濃密な時間でした。体ごと向こうに行ってしまうことで、24時間丸々仕事ができたと言えばよいでしょうか。

ネット環境はあるけどテレビは見られない。お金や光熱費を気にする必要もない。自宅なら家族の洗濯や家の中の掃除などの家事労働に追われる日々だったのが、その必要もない。お風呂とトイレと洗濯くらいであとは隊員とコミュニケーションを取るか、厨房にいるか、冷蔵室で食材と向き合っているか。煩わしいことを考えず、時間のすべてを仕事に注ぎ込める時間は、私にとってストレスはなく、本当に心地がよかった。

１年半の集団生活ではいろいろなことがありましたし、自分の器の小ささを感じたのも一度や二度ではありませんでした。でも、軋轢《あつれき》も何もなく、みんなが品行方正でうま

くまとまって終わっていたら、それはそれでつまらなかったでしょう。人間関係はストレスでもあり、救ってくれたのもまた人間。そういう意味では精神面でも豊かになれたのかなと感じています。

帰国後に習慣になったこと　その1

スーパーの見切り品コーナーに立ち寄る

帰国してからの日常生活で習慣になったことといえば、スーパーで見切り品コーナーに直行するようになったことです。自己満足かもしれませんが、廃棄される運命ならば少しでも自分が引き受けようと思って……。

日本に戻って間もない頃は、日常生活に食べ物や情報があふれていることへの拒絶感が強かったのですが、そこの部分は徐々に大丈夫になってきました。「あれ食べたい、これ食べたい」という気持ちや、物欲などもある程度復活しました。自分で出したごみを見て、何度も確認して考える癖は今も変わらずですが、シンクに汁を流すときや、何かを廃棄しなくてはならないときには、とりあえず「無」になることに決めました。

日常生活では、ボックスティッシュを使わなくなりました。南極でもストックが少なく、自然と布巾を使うようになったというのが理由です。電池のようなものも使い捨ての使用をやめ、充電電池や有線のマウスを使うようになりました。ごみを出さなくて済む方法があるかどうかをまず考え、可能な限り理想に近い選択肢を探すことで、自分に折り合いをつけつつ生活しています。もしかしたら「焼け石に水」かもしれませんが、それでも、「ちりも積もれば山となる」につながることを願いつつ……。

帰国後に習慣になったこと　その2
危険予知をする癖を大切にしていく

一方で、危険予知の癖は自分のよい習慣として染みついている気がします。例えば飛行機に乗るときには、交通機関が止まった場合の対処について常に考えますし、地震の備えもしかりで、自宅ならどうするか、会社ならどうするか、シミュレーションは常に頭の中に準備されています。

もともとは、天気予報を見ないで外に出るようなタイプで、雨に降られたら降られたでどうにかなるだろうと傘も持たないほうでした。でも南極では、何か起きたらどうにもならない。「ここで手を離したら死ぬね。だから手を離せないね。でも絶対、疲れて手を離すよね。だったら固定したほうがいいよね」っていう論理で、最悪の事態まで想定する人になってしまいました。

小さなことですが、外で動きながら携帯電話を手に持つことは絶対にせず、落とすリスクをなくすために、必ずカバンに入れています。特に電車に乗るときなどは、自分が落とさなくてもぶつかって落ちるリスクもある。そうしたらホームに落ちるかもしれないし、割れるかもしれない。

初めて訪れる建物に入るときには、ＡＥＤの場所を確認するようになりました。それも無意識に備わった術《すべ》でしょう。一度、出先で建物内にＡＥＤがないところがあって。そのときは近くの建物に探しに行ってしまいましたね。

帰国後に習慣になったこと　その3

備蓄と冷蔵庫コントロール

南極でもそうでしたが、相方さんも私も、食材の棚卸し的なことは一切していませんでした。感覚としては、日常食材の余剰は廃棄になるのでジャストがベストと思っていて、自宅の冷凍庫でも、保存用の袋をきれいに詰めるようなことはやっていません。冷凍庫はある程度いっぱいにして冷気を回したほうがいいといわれますが、私が入れているのは、奥まで見える程度の量。そうでなくては管理し切れなくなって、結局廃棄することになってしまうからです。

庫内での食材置き場の優先順位から考えて、早めに消費しなくてはならないものは手前の目につくところに置き、視界に入るようにしています。

また、南極における備蓄食材（153ページ）にあたるような自宅のローリングストック食材に関しては、パッケージにでかでかとマジックで日付を書いています。賞味期限の印字は表示が小さく、ついつい見落としがちだからです。災害用に取り分けてはありますが、期限が切れる月になったら手をつけ始め、日常に加わっていくという流れを作っています。

南極で考えた、互いが互いを尊重することの意味

南極では性別に関わりなく、ある意味平等に仕事がありました。まず、ほぼ全員の職種の専門が異なるため、それぞれが自分の技能を生かす。南極観測に携わるためだけに編成された集団なのでそもそも上下関係がない。雪かきなどの体力仕事も平等に担当し

ます。そこで実際に感じたのは、やはり自分には体力的につらく、こなす仕事量もはるかに及ばないということでした。体力の差を痛感する場面が多かったことは否めません。そこは、生物としての違いなので如何ともし難い部分です。もちろん、男性でも力仕事が苦手な方もいるでしょうし、得手不得手は人それぞれです。できる人ができることをやればいい。でも、できないからやらないのは違う。互いが互いを尊重することの意味に気づかされた日々でした。

昭和基地には「お酌をしない」というルールがありました。南極の仕事はひとり一役で代わりがきかないですし、人に注がれるとついつい飲む量が増えてしまいがちです。だから、自己責任で飲む量もコントロールしましょうという考え方でした。

日本に戻ってから、ここで自分がお酌をしたら関係が円滑に進むだろうと思しき場面でも、手がグッと止まるようになってしまいました。「自分でできますよね？」と思って抵抗を感じてしまうのです。「お酌？　いらないよね。本来は、自分のペースで好きに飲める環境がベストでしょう」ってね。

一方で、服装や髪型に関して、見えないしがらみに気づかされたことがありました。観測隊の女性隊員に支給されたユニホームはなぜかピンク色が多く、もとよりピンク色が苦手な私には違和感でしかありませんでした。その反対のケースもありました。南極には衣装部屋があり、歴代の隊員たちが残していった衣装が山のようにありました。ハロウィンなどのイベントで着用することもありますし、気晴らしに仮装を楽しむ人も。

あるとき、男性隊員が、チアリーダーのような格好をしてスカートをはいていました。「スカートってこんなに楽なんだ！　すごく気持ちがいいの、知らなかったー。日本に帰ってもはきたいくらい」という感想を漏らすのを聞いてハッとしました。きっと彼は日本でスカートをはきたいと思ってもはくことはないでしょうから。


帰りの船でも忘れられないことがありました。

日本を出国してから帰るまでの間、髪をかたくなに伸ばし続けている男性隊員がいました。もじゃもじゃで、どうして切らないのかとみんなに問われても、絶対にそのままの姿勢を貫いていました。それが、帰りの船でのこと。船内の理容室でばっさりと髪を切り、ひげを剃ってもらっていたのです。日本では長髪での勤務がそぐわない職種についているため、帰国前に切らなくてはならないというのです。

髪を切ったあとで、彼がなぜ、頑なに髪の毛を切らなかったのかの理由を知りました。本当はヘアドネーションをしたかったというのです。でも1年数か月では、ドネーションの規定である31センチにまでは満たなかった。私は胸が締めつけられるようでした。本当は最後までやり切りたかっただろう。でも彼が身を置いている環境ではそれは許されなかった。身の回りのしがらみを悩ましいと思っているのは、女性だけでなく男性も同じなんだと考え始めました。

学生時代、「どうして女子の制服はスカートなの？」と常々思っていました。でも、男性側の気持ちは考えたことがなかった。見方を変えれば、女性はスカートもパンツもはけるという選択肢があります。でも男性は……。まだまだ抵抗を感じる風潮は否めません。立場が違うだけで皆いろいろな事情や思いを抱えています。自分の価値観と違う部分はすぐには理解できないかもしれませんが、でも最低限、相手の立場や主張を尊重したい。せめてその思いだけでも伝わったらいいいんだけどなと。

南極で得た暮らしの姿勢は、私たちの日常につながる物語

帰国して一番の変化は、講演の依頼をいただくようになったことです。最初のきっかけは、知人を介しての依頼で、学生さん向けに体験談や、チャレンジしたときの思いを話してほしいとのことでした。調理の専門学校で職員をしていた経験から、不特定多数の大人数の前で話すことには比較的慣れてはいましたが、何を話したらいいのか？　皆さんが聞きたい話は何なのか？　興味を持ってもらえるよう、暗中模索で資料を作りました。

南極について話す際に心がけていることは、難しくしないことです。ただでさえ日常とはかけ離れていて、知られていないことが多い。少しでも身近に感じてもらうためには、聞いてくださった方が自分の日常に落とし込めるところがあるか、そこをお伝えできているかという部分でしょうか。南極はとても遠い場所ではありますが、そこでの暮らしは今の日本の暮らしにつながる大切なヒントに満ちています。ですから、南極という別の世界の出来事と捉えられてしまったら、それはただのおもしろい話になってしまいます。

私が南極でハッとさせられた数々のこと。

「食べること」、「ごみのこと」、「人間関係のこと」、「日々の生活のこと」、「危険予知や危機管理のこと」、「多様性を受け入れること」、「お互いを尊重すること」、そして何より、「人との出会いを楽しむこと」。どれも、日本の暮らしにつながっていて、改めて考えさせられた経験ばかりでした。

講演の際にお話ししたり、質問をいただいたりする中で、「あ、皆さんが求めているのは、単純に南極の生活が知りたいとか、知らない世界を知りたいとかではないのだな」と感じることが多いです。私がお話ししているのは南極での体験ですが、「日本ではこういう感じでしょうか？」と、聞いてくださる方が「我がこと」に置き換えて受け取れるようにお伝えしたいと、試行錯誤の日々です。

聞いてくださる方は、小学生から学生さん、社会人、おじいちゃんおばあちゃんまで幅広いです。今までいただいたお題は、「南極の食（＝フードロス削減）」、「女性の活躍」、「男女の平等」、「安全確保の考え方」など、実にさまざまでしたが、いらっしゃる方の年齢層や、主催者の方が求めていることを、よく想像しながら内容を考えるようにしています。

私は、決めるときはしっかり主張して物事を決めますが、それでも初めは受け身で様子を見て、受け入れながら考えるほうです。自分を前面に出すよりは、相手に合わせながら自分を出していく。講演会のテーマに応えようと準備をしているときに考えるのは、南極での生活や仲間との出来事です。あのときはどうすればよかったのか、何が最善だったのかを考えることが、自己確認の機会を与えてくれているのだとも感じています。

学校で子供たちにお話しする機会をいただいたときは、私自身とてもワクワクします。まずは南極や自然に興味を持ってもらいたい。そして、南極と日本の日常がつながっていることを伝えられたらと思っています。4章の冒頭でも、隊員たちの暮らしの様子を学校生活に例えましたが、子供たちに話すときもだいたい同じ感じで始めます。

「自分のクラスの子たちと1年2か月、一緒に生活します。学校の校庭までは出られます。門からは出られません。学校の敷地内で自分のクラスメートと一緒に生活をする。それが昭和基地の生活なんだよー」

すると、「無理！」「やだ！」ってイメージしやすいらしくて。そこからさまざまな話に発展させていくと、自分事として聞いてもらえるんじゃないかなと。

ごみの話もそのひとつ。給食を残すと南極ではどうなってしまうのか？　ごみをきちんと分別しないと、処理をする人がどんなふうに大変か。子供たちは思ったこと、感じたことを素直に発言してくれて、さまざまな意見が飛び交います。

「食育」につなげる話も多いです。個人的には「食育」という言葉が苦手といいますか、急にアカデミックな話になってしまう気がして、とっつきにくく感じてしまうのですが、「食育」というとなぜだかいつも「野菜を使って料理を作りましょう」とか、「嫌いな野菜が食べられるようになるには？」といったことがテーマになるのです。

でも、現実問題、野菜なしで献立を考えることは本当に難しい。逆の発想ではないですが、仮に野菜の入っていないカレーを作ってみてはどうでしょうか。きっといつものカレーよりなんか物足りない味に感じるんじゃないかな。

また、嫌いな野菜を食べる方法に、形を変えて気づかない状態にするという考え方もありますが、小さくしてわからないようにしても、食べられるありがたみにはつながらないと思うのです。それに、現代のアレルギーの子の多さを考えると、それこそ、何が入っているのかを自分自身で判断できることは危険予知にもつながるように思っています。だからこそ、ちゃんと何の素材かを認識して食べられることが大切だと思うのです。

昔は好き嫌いなく食べなさいって言えたけれど、今の子には言えないです。でも、食べ残しが多いことに対して罪悪感を持たない風潮は問題だと思っていて、それを解決できるような話って何だろうと思います。

あるとき、講演後に70代の女性に声をかけられました。この日のテーマは「女性の活躍について」だったと記憶しています。

彼女は、「私は、20代のときに研究者として南極に行きたかったの。でも時代が許してくれなかったのよね。南極観測はすでに始まっていたけれど、女性が行ける時代じゃなかった。だから今、南極に行ってこれだけの経験をされたあなたがすごく羨ましいし、誇りに思う」とおっしゃったのです。

このときは、言葉で言い表せないような気持ちになりました。かつて涙をのんだ先輩方がいたからこそ、そこに議論が生まれ、女性である私が南極に行ける時代になりました。これは、南極に行っていなかったら決して気づけなかったことです。私が南極に興味を持ったきっかけは女性記者の記事でしたし、きっかけは女性であることが多いのかもしれません。それなら今後は、私が発信していく意味もあるのかなと思います。

女性が社会で活躍するには、まだまだ壁がないとはいえません。女性の誰もがキャリアを追わなくていい、でもキャリアを求めたいときはチャレンジできる環境が整っていなければいけないし、そうなってほしい。そしてその環境を整えるために、当事者の女性が行動する必要があるのではないかなと思うのです。

私は、やらないで後悔するよりは、やって後悔するほうを選びたい。たとえ思い描いた結果にならなくても、チャレンジしたことはいつかの糧になると信じています。でもキャリアについて「迷ったときは立ち止まったほうがいい」とも思っています。悩みながら無理に推し進めた結果の失敗は、後悔も大きい気がするからです。私も南極行きチャレンジには迷っている期間が長かったのですが、スッと迷いがなくなった瞬間がありました。自分の心が整ったからこそ、前に進めたような気がします。

適材適所。できる人ができることを。

できないことはできる人にやってもらって、足りない部分をそれぞれが補い合って、支え合って、甘えるところは甘えちゃって。自分が頑張れるところは協力する。人間関係は煩わしいときもあるし、ストレスと感じることも多いけれど、でも南極で苦しいときに救われたのは人間関係でした。忘れてはいけないのは、お互いがお互いを尊重する。その気持ちがあれば、世の中解決できることってたくさんある気がします。

あとがき

私が南極に興味を持ったのは30歳を過ぎてからです。子供の頃から南極に憧れていたわけではありませんし、もちろん南極に必要なスキルを磨いてきたわけでもありません。そんな私が南極地域観測隊としてチャレンジをしたときに役に立ったのは、これまでの日常で積み重ねてきた「料理」の経験でした。

経験したことは自分のスキルになるだけではなく、知らず知らずのうちにゆるぎない自信につながっていきました。国内の雪山でさまざまな訓練を受けたことで、南極では何ら抵抗なくすっと順応できたように思いますし、南極でもマイナス20℃以下、寝袋で寝た経験をしたことで今はどこでも寝られる気がしています。

南極に行く前、観測隊の先輩方はありとあらゆる情報を惜しみなく提供してくれました。ただひとつだけ、教えてもらえていなかったことがありました。それは帰国後の気持ちの部分。「南極廃人」という言葉の存在や、その意味は聞いていたので、自分が日本での生活に違和感を覚えて苦しんだのは想定の範囲内でした。それとは違う南極に対する感情とでもいうのでしょうか。

なんだかいつも頭のどこか片隅に、もやっと南極が居座っている。今、自分が置かれている立場や責任を全うしなければと思いながら、気がつくと「また昭和基地で生活したいなぁ」、「あのときはどうするのが正解だったんだろう」と考えてしまう。いつまでたっても南極の呪縛から逃れられないのです。

そう感じていたのは自分だけではないようで、先輩方も何十年たっても南極での時間を忘れることはなく、定期的に集まっては昔話に花を咲かせています。話すことはいつも同じ。でもそれを昨日のことのように笑いながら語り合う。驚くべきことに年代はそれぞれ違うのに、南極で感じたことや思いは世代を超えて普遍的なのです。

あぁこれから先の人生、ずっと抱えていく感情なんだなと教えられるのです。

ここまで人を魅了する理由ってなんだろう。

南極観測に携わるために集まり、2年間だけ時間を共有する。みんな仲よく……とはいかないこともちろんあって、いろんなトラブルが起こったり、くだらないことで笑い合ったり、こっそり泣いたり。南極では1日3食を共にし、朝のおはようから今日も一日お疲れさんまで顔を合わせていたのが、帰国すると全国に散ってしまい、SNSで近況報告をし合うくらいで、物理的に会う機会はほぼほぼなくなってしまう。

そうか……。南極で私が得たものは、貴重な経験以上に仲間たちとのつながりであって、それこそが南極の魅力なんじゃないか。帰国して5年もたった今、改めてそう思うのです。

南極でかけがえのない経験をたくさんしました。この経験を無駄にはしてはいけないし、南極だけのことにはしたくないのです。日本の生活で生かせることは何かと考えたら、それはやはり食品ロスを減らすためのアクションだという結論に至りました。

個人レベルでの行動も然りですが、調理の仕事に従事している者として、もっと大きな規模での削減に取り組みたいとの思いがあります。この本もそのひとつです。南極ではどのようにして食品ロスを減らしていたかを知ってもらうことで、まずは興味を持ってもらえたら。さらにそこからどう行動すればいいのかという意識につながったらうれしい限りです。

知命の年も目前となりました。ここから何年かかるかわかりませんが、自分が思い描いていることを少しずつ形にしていくことが、今、目指している目標です。

渡貫淳子

第57次南極地域観測隊の調理隊員。1973年、青森県八戸市生まれ。「エコール 辻 東京」を卒業後、同校に就職。結婚後、出産を機に退職するも、その後も家事・育児をこなしながら調理の仕事を続ける。30代後半に南極地域観測隊の調理隊員への夢を抱き、3度目のチャレンジで合格。昭和基地史上2人目の女性調理隊員(民間人では初)となる。任務終了後は、食品メーカーで商品開発に携わる傍ら、食品ロス、男女共同参画などをテーマに講演活動を行っている。南極でよく作っていた「悪魔のおにぎり」をモデルに、某コンビニチェーンが商品化したことでも注目される。

聞き手・文 **吉田佳代**

編集者、ライター。東京生まれ、立教大学卒業。出版社勤務後に独立。食からつながる文化や暮らしまわりを主に扱う。食生活ジャーナリストの会(JFJ)会員、日本紅茶協会認定ティーインストラクター。

装丁	坂川朱音(朱猫堂)	校正	安久都淳子
本文デザイン	坂川朱音+田中斐子(朱猫堂)	DTP制作	天龍社
イラスト	平尾直子	編集	広谷綾子

取材協力　空中氷園 @sansyo17

写真提供　石川貴章、梅津正道、塩原 真、藤原宏章(五十音順)、
第57次南極地域観測隊に縁のある皆さま

南極の食卓
女性料理人が極限の地で見つけた暮らしの知恵

2023年1月20日　第1刷発行
2024年4月30日　第3刷発行

著　者　渡貫淳子

発行者　木下春雄

発行所　一般社団法人 家の光協会
〒162-8448　東京都新宿区市谷船河原町11
電話 03-3266-9029(販売)
03-3266-9028(編集)
振替 00150-1-4724

印刷・製本　図書印刷株式会社

ISBN978-4-259-56747-7　C0095